新学習指導要領対応

小学 **2** 年生

学校でも、家庭でも
教科書レベルの力がつく！

国語

習熟プリント

大判サイズ

学力の基礎をきたえどの子も伸ばす研究会

森 ひろ美 著　金井 敬之・川岸 雅詩 編

これなら
できた！

清風堂書店

JN087037

はじめに

本書は、発売以来三十年以上も学校や家庭で支持され、歴史を積み重ねてきました。

それは、「勉強に苦手意識のある子どもや学習の質を助けたい」という私たちの願いを皆様に感じ取っていただけたからだと思います。

今回の改訂では、より子どもの学習の質を高める特長を追加しました。

変わらない特長

○通常のステップよりも、さらに細かくスモールステップにする。

○大事なところは、くり返し練習して習熟できるようにする。

○教科書レベルの力がどの子にも身につくようにする。

新しい特長

○読みやすさ、わかりやすさを考えた「太めの手書き風文字」にする。

○解答は、本文を縮小し、答えのみ赤字で表した「答え合わせがしやすい解答」にする。

○随所に、子どもの意欲・自己肯定感を伸ばす「ほめる・はげます言葉」

○学校でのコピーする際に便利な「消えるページ番号」
（※本書の「教育目的」や「私的使用の範囲」以外での印刷・複製は、著作権侵害にあたりますのでおやめください。）

小学校の国語科は、学校で使用する教科書によって、進度・内容が変わります。

そこで本書では、前述の特長を生かし、どの子にも力がつく学習ができるように工夫をしました。

まず、「文字学習」「語彙学習」「文法学習」「読解学習」といった幅広い学習内容に対応し、子ども一人一人の目的に合わせた学習を可能にしました。

また、ポイントの押さえ方がわかる構成と、基本に忠実で着実に学力をつけられる問題で、苦手な子でも自分の力で取り組めるようにしています。

文章を「読む力」「書く力」は、どんな時代でも必要とされる力です。

本書が、子どもたちの学力育成と、「わかった！」「できた！」と笑顔になる一助になれば幸いです。

解答は、問題が白黒、答えが赤だから、答え合わせが一目でわかる。○つけがカンタン！

ワンポイントアドバイスつき！

このページで学習する内容を表します。学習した月日、名前を書きましょう。

白黒コピーでページ番号が消えます。

ほめる・はげます言葉

国語習熟プリント二年生 もくじ

かたかな ①

ひらがなを　かたかなに　直しましょう。

 名まえ

月　　日

① ぽすと

② ぴあの

③ ここあ

④ みるく

⑤ たおる

⑥ くいず

⑦ どあ

⑧ ごむ

⑨ がらす

⑩ ないふ

⑪ ばけつ

⑫ ふらんす

 ていねいに　書けるかな!?

かたかな ②

名まえ

月　日

● ひらがなを　かたかなに　直(なお)しましょう。

① けえき

② くりいむ

③ すぴいど

④ すとおぶ

⑤ くうらあ

⑥ すかあと

⑦ はんばあぐ

⑧ はあもにか

⑨ があどれえる

⑩ しいる

のばす音に　ちゅういして、ファイト！

5

かたかな ③

● ひらがなを かたかなに 直^{なお}しましょう。

名まえ

月　日

① ばっと

② びすけっと

③ なっぷざっく

④ ぽけっと

⑤ かすたねっと

⑥ すりっぱ

⑦ ろけっと

⑧ とらっく

⑨ よっと

⑩ ぱれっと

 小さい「っ」に　気をつけてね！

かたかな④

ひらがなを かたかなに 直(なお)しましょう。

① ぺんぎん

② わんわん

③ おらんだ

④ らんどせる

⑤ ばいおりん

⑥ えんじぇる

⑦ きゃらめる

⑧ しょぱん

⑨ じゃんぐる

⑩ きゃんきゃん

月　日

めざせ！かたかなマスター☆

かたかな ⑤

名まえ

月　日

● ひょうを 見て かたかなに 直しましょう。

あ		か		さ		
い		き		し		
う		く		す		
え		け		せ		
お		こ		そ		

た		な		は		
ち		に		ひ		
つ		ぬ		ふ		
て		ね		へ		
と		の		ほ		

ま		や		ら		
み				り		
む		ゆ		る		
め				れ		
も		よ		ろ		

わ		きゃ		しゃ		ちゃ
を		きゅ		しゅ		ちゅ
ん		きょ		しょ		ちょ

にゃ		ひゃ		みゃ		りゃ
にゅ		ひゅ		みゅ		りゅ
にょ		ひょ		みょ		りょ

ぎゃ		じゃ		びゃ		ぴゃ
ぎゅ		じゅ		びゅ		ぴゅ
ぎょ		じょ		びょ		ぴょ

名まえ

月　日

つぎのような ことばは かたかなで 書きます。

① 外国の 国や 土地の 名前 ―― インド　ニューヨーク

② 外国の 人の 名前 ―― アンデルセン　シューベルト

③ 外国から 来た ことば ―― パン　ピアノ

④ ものの 音 ―― パチャパチャ　ガチャン

⑤ どうぶつの 鳴き声 ―― ニャーゴ　コケコッコー

□に あてはまる ことばを □ から えらび、かたかなで 書きましょう。

① 外国の 国や 土地の 名前

② 外国の 人の 名前

③ 外国から 来た ことば

④ ものの 音

⑤ どうぶつの 鳴き声

どすん　めきしこ　きゃらめる
わんわん　ろしあ　ぴかそ　えじそん

名まえ

月　日

① つぎの 文で 正しい 方を ○で かこみましょう。

① 〔わ／は〕たし〔は／わ〕、本〔を／お〕読んで います。

② 〔お／を〕ばさん〔を／お〕むか〔え／へ〕に、バスの ていりゅうじょ〔へ／え〕行きました。

② つぎの ことばで 正しい 方を ○で かこみましょう。

① 〔おとうと／おとおと〕

② 〔おとうさん／おとおさん〕

③ 〔とうい／とおい〕みち

④ 〔とうげ／とおげ〕

⑤ 〔おうかみ／おおかみ〕

⑥ 〔こうり／こおり〕の山

⑦ 〔おうきい／おおきい〕

⑧ 〔こうろぎ／こおろぎ〕

⑨ 車が〔とう／とお〕る。

⑩ 九つより〔とう／とお〕の 方が 数が〔おうい／おおい〕よ。

ガンバレ
ガンバレ♪

名まえ

月　日

□に あてはまる 字を ⌐⌐から えらんで 書きましょう。（何回も つかう 字も あります。）

① わたし □、女の子です。

② びょう気 □、な□ しました。

③ ぼく □、母さんの □ 手つだいで、にもつ もち □ しました。

④ 花やさんは、花 □ 売ります。

⑤ わたしは、□ じいさんに「□ 元気でね。」と、あいさつ □ しました。

⑥ おね □ さん、□ つかいで、えきま □ の しょうてんがい □ 行きました。

は お を え へ

その ちょうし♪

かなづかい ③

名まえ

月　日

● □に あてはまる ことばを ┈ から えらんで 書(か)きましょう。

① 友(とも)だち □ あそびに 来(き)た。

② きゅう食(しょく) □ 食(た)べる。

③ 学校 □ 行(い)く。

④ ノート □ 書く。

⑤ 公園(こうえん) □ あそぶ。

⑥ 妹(いもうと) □ 手を つなぐ。

⑦ ぼく □、二年生です。

⑧ これは ぼく □ ランドセルです。

⑨ おつかい □ 帰(かえ)った。

⑩ お寺(てら) □ 走(はし)ろう。

┈┈┈┈┈┈┈
から へ を まで と に が は の で
┈┈┈┈┈┈┈

ファイト
だっ!

12

名まえ

月 日

① つぎの ことばを 合わせて 合わせことばを 作りましょう。

① 村 ＋ まつり

↓ ☐

② いも ＋ はたけ

↓ ☐

③ かた ＋ くるま

↓ ☐

④ たすける＋ あう

↓ ☐

⑤ おる ＋ まげる

↓ ☐

② つぎの 合わせことばを もとの ことばに 分けましょう。

① ごみばこ

⇩ ☐ ＋ ☐

② 近道（ちかみち）

⇩ ☐ ＋ ☐

③ あらいながす

⇩ ☐ ＋ ☐

④ つみかされる

⇩ ☐ ＋ ☐

⑤ わらいころげる

⇩ ☐ ＋ ☐

じ・ぢの つかい方

● つぎの ［じ・ぢ］で 正しい 方を ○で かこみましょう。

① ［じ・ぢ］しんを もつ。

② ［じ・ぢ］かんが たつ。

③ はな［じ・ぢ］が 出た。

④ め［じ・ぢ］りが 下がる。

⑤ かん［じ・ぢ］を 書く。

⑥ ［じ・ぢ］しゃく

⑦ はな［じ・ぢ］ょうちん

⑧ ち［じ・ぢ］む

⑨ ［じ・ぢ］めん

⑩ わる［じ・ぢ］え

⑪ す［じ・ぢ］

⑫ み［じ・ぢ］かな 人

⑬ ゆのみ［じ・ぢ］ゃわん

⑭ のど［じ・ぢ］まんに 出た。

ゆのみぢゃわんと いう ことばは、
ゆのみ ＋ ちゃわんの 二つの ことばを
合わせた 合わせことばです。
「ちぢむ」は 「ち」が かさなるので 二音目が
「ぢ」に なります。

ず・づ の つかい方

🍎 つぎの 〔ず／づ〕で 正しい 方を ○で かこみましょう。

① みか〔ず／づ〕き

② かな〔ず／づ〕ち

③ 〔ず／づ〕がこうさく

④ うで〔ず／づ〕もう

⑤ つ〔ず／づ〕き

⑥ こ〔ず／づ〕つみ

⑦ いのち〔ず／づ〕な

⑧ あか〔ず／づ〕きん

⑨ 〔ず／づ〕つう

⑩ にん〔ず／づ〕う

⑪ だい〔ず／づ〕

⑫ せんば〔ず／づ〕る

せんばづる と いう ことばは、せんば＋つる の 二つの ことばを 合わせた 合わせことばです。「つづき」は「つ」が かさなるので 二音目が「づ」に なります。

同じ　いみの　ことば
にた　いみの　ことば　①

① 上の　ことばと　にた　いみの　ことばを　下から　えらび、線で　むすびましょう。

見る　・　　　　　　・　いかる

話す　・　　　　　　・　しゃべる

わらう　・　　　　　・　ながめる

食べる　・　　　　　・　くう

おこる　・　　　　　・　ほほえむ

② 上の　ことばと　同じ　いみの　ことばを　下から　えらび、線で　むすびましょう。

ビルディング　・　　　　　・　本

カメラ　・　　　　　　　　・　じゅうたん

カーペット　・　　　　　　・　たてもの

マーク　・　　　　　　　　・　うんどう

ノート　・　　　　　　　　・　しゃしんき

ブック　・　　　　　　　　・　ちょうめん

スポーツ　・　　　　　　　・　しるし

ベリーグッド!!　よくできました

名まえ

月　日

① つぎの ことばの べつの 言い方を 二つ 書きましょう。

父（ちち）

母（はは）

兄（あに）

姉（あね）

② つぎの ことばの べつの 言い方を 知って いるだけ 書きましょう。

自分（じぶん）

あなた

③ つぎの ことばと 同じか、よく にた いみの ことばを　□　から えらび 記ごうで 書きましょう。

① しゃがむ

② もらう

③ ねがう

④ うしなう

⑤ なげく

⑥ あゆむ

ア いただく　　イ すわりこむ　　ウ あるく

エ のぞむ　　オ なくす　　カ かなしむ

17

はんたいの いみの ことば ①

名まえ

月　日

○ つぎの ことばと はんたいの いみの ことばを □□ から えらんで 書きましょう。

① よい（　　　）　　② あつい（　　　）

③ たかい（　　　）　　④ ながい（　　　）

⑤ あかるい（　　　）　⑥ かたい（　　　）

⑦ うれしい（　　　）　⑧ つよい（　　　）

⑨ あさい（　　　）　　⑩ つめたい（　　　）

⑪ あまい（　　　）　　⑫ うつくしい（　　　）

⑬ はやい（　　　）　　⑭ とおい（　　　）

⑮ おおい（　　　）　　⑯ おいしい（　　　）

⑰ あたらしい（　　　）⑱ おもい（　　　）

ふるい	おそい	すくない	よわい	まずい
かなしい	わるい	くらい	ふかい	さむい
あたたかい	みにくい	ちかい	やわらかい	からい
かるい	ひくい	みじかい		

18

名まえ

月　日

● つぎの ことばと はんたいの いみの ことばを 書きましょう。

① のびる ——

② おす ——

③ 生きる ——

④ 当たる ——

⑤ （ドアを）あける ——

⑥ ふえる ——

⑦ 売る ——

⑧ ぬれる ——

⑨ おきる ——

⑩ ふくらむ ——

⑪ （バスに）のる ——

⑫ すてる ——

⑬ かつ ——

⑭ うく ——

⑮ 帰る ——

⑯ 上がる ——

⑰ はじまる ——

⑱ なく ——

組になる かん字

つぎの かん字と 組（くみ）に なる かん字を 書（か）きましょう。

名まえ

月　日

① 大 — □
② 右 — □
③ 多 — □

④ 出 — □
⑤ 前 — □
⑥ 上 — □

⑦ 兄 — □
⑧ 父 — □
⑨ 北 — □

⑩ 春 — □
⑪ 夏 — □
⑫ 晴 — □

⑬ 外 — □
⑭ 手 — □
⑮ 姉 — □

⑯ 親 — □
⑰ 遠 — □
⑱ 男 — □

⑲ 天 — □
⑳ 強 — □
㉑ 町 — □

㉒ 東 — □
㉓ 海 — □ — 川
㉔ 年 — □ — 月 — □

㉕ 朝 — □ — 昼 — □

おととい
きのう
今日（きょう）
明日（あした）
あさって
なども、組に なる
ことばです。

音の 同じ ことば

● つぎの □ の ことばと 同じ いみで つかわれて いる 方に ○を つけましょう。

① かわ で およぐ。

ア（　）ミカンの かわを むく。

イ（　）かわで せんたくを する。

② ふじ の 山

ア（　）ふじの やまいに かかる。

イ（　）日本一の ふじを ながめた。

ウ（　）ふじの 花が さいた。

③ 夏は あつい 。

ア（　）ぶあつい 本。

イ（　）あついので やけど した。

ウ（　）あついので あせが 出た。

④ 家が たつ 。

ア（　）人が たつ。

イ（　）はらが たつ。

ウ（　）ビルが たつ。

⑤ きょうは はれた 。

ア（　）はれた 青空。

イ（　）きず口が はれた 。

数える ことば ①

名まえ

月　日

● （　）に あてはまる ことばを 書きましょう。

① 石を 一つ二（　）と 数えた。

② 二（　）の はとが えさを 食べて いる。

③ 本を 四（　）読んだ。

④ 子犬が 五（　）うまれた。

⑤ 子どもが 六（　）あそんで いる。

⑥ わたしの 家は マンションの 七（　）です。

⑦ 画用紙を 八（　）ください。

⑧ なわとびを 九（　）とんだ。

⑨ テストは おしくも 九十（　）だった。

⑩ ぼくの 体じゅうは 二十（　）グラムです。

⑪ 家が 五（　）ならんで たって いる。

⑫ 自どう車が 三（　）とまって いる。

⑬ ふく引きで 一（　）しょうを あてた 人。

数える ことば ②

名まえ

月　　日

① つぎの ものを 数える ときは どんな ことばで 数えますか。（　）に 書きましょう。

① 自どう車 ──（　　）

② ノート ──（　　）

③ くつ下 ──（　　）

④ えんぴつ ──（　　）

⑤ お金 ──（　　）

⑥ ふく ──（　　）

⑦ ハンカチ ──（　　）

⑧ 年れい ──（　　）

⑨ 時間 ──（　　）

⑩ おんど ──（　　）

② つぎの 数字を かん字で 書きましょう。

1 ────	（　　）
2 ────	（　　）
3 ────	（　　）
4 ────	（　　）
5 ────	（　　）
6 ────	（　　）
7 ────	（　　）
8 ────	（　　）
9 ────	（　　）
10 ────	（　　）
100 ────	（　　）
1000 ────	（　　）
10000 ────	（　　）

なかまの ことば

月　日

① □の ことばを 春、夏、秋、冬に 分けましょう。

春	秋

夏	冬

赤とんぼ　雪だるま　さくら　すいか　コスモス　マフラー
タンポポ　かぶと虫　もみじ　こたつ　プール　モンシロチョウ

② つぎの ことばは、何の なかまか 書きましょう。

〈れい〉 | 天気 | の なかま （晴れ・くもり・雨・雪）

① [　　] の なかま （ピンク・黄・青・白）

② [　　] の なかま （でん車・ひこうき・車・ふね）

③ [　　] の なかま （くま・キリン・しまうま・ぞう）

④ [　　] の なかま （あさがお・きく・チューリップ・バラ）

24

名まえ

月 日

ていねいな 言い方

「かびんに はなが いけて ある。」
を ていねいな 言い方に なおすと、

「かびんに はなが いけて あります。」

となります。

つぎの 文を ていねいな 言い方に して 書きましょう。

① お母さんが 買いものに 行く。

②わたしは ピアノを ひく。

③ お姉さんが あみものを する。

④ 弟が 絵を かいて いる。

⑤ 妹が 本を 読んで いる。

⑥ お父さんが 新聞を 読んだ。

⑦ テレビを けした。

ていねいな 言い方 ②

名まえ

月 日

つぎの ていねいな 言い方の 文を、ふつうの 言い方に して 書きましょう。

① 鳥が 鳴きます。

② 犬が ほえます。

③ 本を 読みます。

④ たこの 足は 八本 あります。

⑤ 学校は 毎日 楽しいです。

⑥ りょうりを 作りました。

⑦ ぼくは けんばんハーモニカを ふきました。

うごきを あらわす ことば ①

名まえ

月　日

①

つぎの 文の □の 中に うごきを あらわす ことばを 下から えらん で書きましょう。

① 友だちと 　□□□。

② いすに 　□□□。

③ 花が そよ風に 　□□□。

④ ガイドさんが バスに 　□□□。

⑤ 船が 　□□□。

あそぶ
ゆれる
のる
うかぶ
すわる

かもめが ［とぶ］。
魚が ［およぐ］。
母が ［わらう］。

□の ことばは うごきを あらわす ことばです。

②

うごきを あらわす ことばを 五つ えらんで ○を つけましょう。

① （　）アイロン
② （　）ねる
③ （　）大きい
④ （　）のんきな
⑤ （　）おこる
⑥ （　）すむ
⑦ （　）黒い
⑧ （　）やさしい
⑨ （　）食べる
⑩ （　）走る

名まえ

月　日

① 文に あうように、うごきを あらわす ことばを かえましょう。

〈れい〉
石が あたる。 ⟷ 石を あてる。

① 本が おちる。 → 本を ☐。

② 人が あつまる。 → 人を ☐。

③ 火が きえる。 → 火を ☐。

④ はりがねが まがる。 → はりがねを ☐。

② 文に あうように、うごきを あらわす ことばを かえましょう。

① 家を たてる。 → 家が ☐。

② 水を ながす。 → 水が ☐。

③ こおりを とかす。 → こおりが ☐。

④ ガラスを わる。 → ガラスが ☐。

⑤ 紙を もやす。 → 紙が ☐。

ファイト！

名まえ

月　日

◯　□に あてはまる ことばを ┈┈ から えらんで 書きましょう。

① 夏は □。

② 冬は □　日が つづく。

③ この カステラは □。

④ ゆめが かなって □。

⑤ せんぷうきを つけると □。

⑥ 手ぶくろを つけると □。

⑦ 人通りの 道は こわい。

⑧ ふじの 山は 日本で 一番 □。

⑨ ひとりぼっちは □。

⑩ 玉入れは 数の 方が かちだ。

やわらかい
うれしい
少ない
多い
すずしい
さむい
さびしい
あたたかい
高い
あつい

電気を
つけると
明るい。
けすと
くらい。

明るい とか
くらい は
ようすを
あらわします。

● □に あてはまる ことばを □から えらんで 書きましょう。

① □ くらく なって いく。

② かげが □ ゆれて いる。

③ 心ぱいで □ しどおしだ。

④ □ あらって、きれいに なった。

⑤ 雨が □ と ふって いる。

⑥ 子どもは □ と そだった。

⑦ 毎日 □ して いては もったいない。

⑧ 犬が 顔を □ と なめた。

⑨ うでを □ と 回した。

⑩ □ いけんを 言いましょう。

□
はらはら
しとしと
ぺろぺろ
だんだん
ごしごし
すくすく
ゆらゆら
ぶらぶら
どしどし
ぐるぐる

ふうせんが ふわふわ とんで いく。

ふわふわ は とんで いく ようすを あらわします。

名まえ

月　日

● つぎの 文しょうから、話しことばを 見つけて 「 」を つけましょう。

文しょうの 中の
話しことばには
「 」（かぎかっこ）を
つけます。

学校に つくと、けい子さんが、

おはよう。

と、言いました。

わたしも

おはよう。

と、言いました。

そこへ 先生が 通りかかって、

さゆりさんも けい子さんも 早いね。

と、わらいながら おっしゃいました。

わたしは、あわてて

おはようございます。

と、言いました。

すると、先生も、

おはよう。

と、おっしゃいました。

ことばの いみ ①

● つぎの ——の ことばの いみに あう ものに ○を つけましょう。

① 大男が 大きな岩を どけよ
　うと、ふんばって います。

ア（　）足に 力を 入れて
イ（　）つかれて
ウ（　）しぼんで

② つたえたい ことが あい
　手に きちんと つたわる
　ように 言おう。

ア（　）よこたわる
イ（　）とどく
ウ（　）いたわる

③ まずしい みなりの
　ろう人が いました。

ア（　）ふくそう
イ（　）みぶり
ウ（　）せいかく

④ 「あの馬の のり手は
　だれですか。」

ア（　）のりと 手
イ（　）のって いる 人
ウ（　）のりの ついた 手

⑤ じっさいに おもちゃを
　作って みましょう。

ア（　）このさい
イ（　）本当に
ウ（　）ためしに

名まえ

月　日

つぎの ── の ことばの いみに あう ものに ○を つけましょう。

① つまらなそうな 顔を して 言いました。

ア（　）楽しそうな
イ（　）かなしそうな
ウ（　）おもしろく なさそうな

② れいだいを といてから れんしゅうもんだいも とこう。

ア（　）ふみだい
イ（　）しゅくだい
ウ（　）見本に なる もんだい

③ かいぶつは したなめずりを して じろりじろり見下ろした。

ア（　）したで くちびるを なめて
イ（　）したの ほうに 目を やって
ウ（　）したを めずらしそうに

④ 男は しぶしぶ ぼうしを ぬいで、名前の ところを 見せました。

ア（　）しぶくて こまって
イ（　）いやいや
ウ（　）どうでも よさそうに

⑤ 下あごの するどい は で、がつがつと かじっ て います。

ア（　）先の とがった
イ（　）まるい
ウ（　）すごい

名まえ

月　日

● つぎの ことばを つかって みじかい文（たん文）を 作りましょう。

① つけくわえる

〈れい〉 きみの アイデアに ぼくのも つけくわえよう。

② つらぬく

③ たちまち

④ 大にぎわい

⑤ せき止める

名まえ

月　日

お父さんは／毎日／かばんを／もって／しごとに／行きます。

右の 文は、六つの ぶ分から できて います。「ね」を 入れて、読んで みて おかしく ない ところで 分けて みましょう。

「お父さんは_ね　毎日_ね　かばんを_ね　もって_ね　しごとに_ね　行きます。」

このように 文は いくつかの ぶ分から できて います。

つぎの 文を くぎると いくつに 分けられますか。／で くぎり、□に 数を 書きましょう。

① お母さんは、朝せんたくをします。　□

② ハイジは、お昼ねをしました。　□

③ チロは草の間にかわいい赤い花を見つけました。　□

④ 朝になると、小鳥たちはたくさんあつまってきます。　□

⑤ 口ぶえをふくと、ぼうしをかぶったたかしさんがあらわれました。　□

文の 切れ目 ②

名まえ

月　日

つぎの ▢の ことばを ならびかえて 一つの 文に しましょう。

① のせて おきゃくさんを 走ります。 バスは

②

うめの 花が なると、 さきます。 二月に うすピンク色の

③

心を せわを ケンが そだちました。 子犬は すくすくと こめて した

④

小さな あつまりなのです。 一つの 花の 見えるのは、 花のように

文の形 ①

名まえ

月　日

文には　つぎのような　形が　あります。

ア　わたしは　学校へ　行きます。
　　　　　　　　　　　　　　（ふつうの文）

イ　あなたは　学校へ　行きますか。
　　　　　　　　　　　　（人にたずねる文）

ウ　あなたは　学校へ　行きなさい。
　　（わたしと　いっしょに　学校へ　行きましょう。）
　　　　　　　　　（めいれいする文）――（はたらきかける文）

エ　わたしは　学校へは　行きません。
　　　　　　　　　　　　　（うちけす文）
　　わたしと　いっしょに　学校へ　行きましょう。
　　　　　　　　　　　　　　（さそう文）

オ　わあーい　ぼくが　一番のりだ。
　　　　　　　　　（かんどうをあらわす文）

● つぎの　文は　どんな　形の　文ですか。右の　ア～オから　えらび、□に　記ごうを　書きましょう。

① この　本は　むずかしそうなので　読みません。

② お母さんは　買いものに　行きました。

③ きみ、年は　いくつなの。

④ さっさと　おきなさい。

⑤ おお、これこそ　わたしの　さがして　いた　ものだ。

おお、すばらしい！

文の形 ②

名まえ

月　日

① つぎの 文を 人に たずねる文に して 書きましょう。

① さゆりさんは 九時に ねました。

② 風が ふいて います。

---

② つぎの 人に たずねる文を ふつうの文に して 書きましょう。

① 家から スーパーまでは 遠いですか。

② お父さんは、いつも 家で 夕食を 食べますか。

③ つぎの 文を めいれいする文に して 書きましょう。

しゅくだいを します。

文の形 ③

名まえ

月　日

① つぎの めいれいする文を ふつうの文に して 書きましょう。

① へやを あたたかく しなさい。

② 早く おきなさい。

② つぎの 文を さそう文に して 書きましょう。

① てつぼうの れんしゅうを します。

② 夏休みに 海へ 行きます。

③ つぎの さそう文を ふつうの文に して 書きましょう。

みんなで あそびに 行きましょう。

文 の 形 ④

名まえ

月　日

〈れい〉

ふつうの文

| お母さんは　ピアノを　ひく。 |

↓

うちけす文

| お母さんは　ピアノを　ひかない。 |

① つぎの　文を　うちけす文に　して　書きましょう。

① 風が　ふく。

| |

② 妹は　公園で　あそぶ。

| |

② つぎの　うちけす文を　ふつうの文に　して　書きましょう。

① ぼくは、バスていへ　行きません。

| |

② 妹は　手紙を　読みません。

| |

③ ぼくは　ぼうしを　かぶらない。

| |

40

しゅご

文の 中で、

| だれが | だれは |
| 何が | 何は |

に あたる ことばを しゅごと いいます。

（だれが）
子どもが　べんきょうする。

（何が）（なに）
シクラメンが　さいた。

おじいさんは　やさしい。

たこは　生きものです。

つぎの 文の しゅごに 線を 引きましょう。

① おすもうさんは　強い。

② 姉さんは　バスガイドです。

③ 子どもたちが　ボールで あそんで いる。

④ 自てん車が　遠くまで 走って いく。

⑤ 海の 上を カモメが すいすい とんで いる。

ファイト！

41

しゅご・じゅつご ②

名まえ

月　日

文の 中で、

| どうする |
| 何だ |
| どんなだ |

に あたる ことばを じゅつごと いいます。

じゅつご

すずめが 電線に （どうする） とまっている 。

ポストは （どんなだ） 赤い 。

りんごは （何だ） くだものだ 。

● つぎの 文の じゅつごに 線を 引きましょう。

① 犬が ほえた。

② 兄さんは 大学生です。

③ 冬の びわこも うつくしい。

④ にわとりが たまごを うんだ。

⑤ ぼくの 弟は 計算が はやい。

がんばるキミは かっこいいぞ！

しゅご・じゅつご ③

①

つぎの □ に あてはまる しゅごを ［　］ から えらんで 書きましょう。

① □ おにたいじに 行きました。

② なのはなばたけで □ とんで います。

③ 春に なると □ たくさん さきます。

④ 竹の 中には □ いました。

［
小さな 女の子が
花が
ももたろうが
モンシロチョウが
］

②

つぎの □ に あてはまる じゅつごを ［　］ から えらんで 書きましょう。

① 遠足に 行くのは □。

② ぞうが のっしのっしと □。

③ きゅう食は □。

④ 野原で 牛が 草を □。

⑤ 雨が ぽっぽつと □。

［
おいしい
楽しみだ
ふってきた
歩く
食べる
］

その ちょうし！

くわしく する ことば

名まえ

月　日

くわしく する ことば

ぼくたちの　先生は
（しゅご）

ぼくたちの
（しゅご）

とても
（じゅつご）

おもしろい。

白い　犬が
（しゅご）

まっしぐらに
（じゅつご）

走った。

文の　中の　ぼくたちの　とても　白い　まっしぐらに　などの　ことばは、しゅごや　じゅつごを　くわしく　する　ことば　です。

● つぎの □ の ことばを くわしく する ことばに 線を 引きましょう。

① 小さな　女の子が　歩いて　くる。

② すずしい　風が　そよそよと　ふいて　きた。

③ きょう　ショートケーキが　あっという間に　売り切れた。

④ まっ白な　とうふは　とても　おいしい。

くわしい 文

名まえ

月　日

くわしい 文には、（　）のような ことばが あります。

（いつ）きのう　（どこで）体いくかんで　（だれが）友だちが　（何を）さかだちを　（どうした）見せてくれた。

（いつ）ある日　（どこで）あなの中で　（何が）うさぎが　（何を）目を　（どうした）さました。

つぎの ── を 引いた ことばは、一いつ、2どこで、3何を の どれで
すか。（　）に 番ごうを 書きましょう。

① こいのぼりが 空で（　）およいで いる。

② 朝（　）ぼくは 新聞を（　）とって くる。

③ 金魚が 水そうで（　）あばれだした。

④ 夕方（　）すいはんきで ごはんを たきなさい。

⑤ パトカーが 夜中に（　）サイレンを（　）ならして 走って いった。

すぎさった形の文

名まえ

月 日

〈れい〉

ふつうの文

りすが 走る 。

↓

すぎさった形の文

りすが 走った 。

① つぎの 文を すぎさった形の文に して 書きましょう。

① サンタクロースが プレゼントを くばる。

② ぼくは、お手つだいを する。

② つぎの すぎさった形の文を ふつうの文に して 書きましょう。

① かもめが ゆっくりと とんで いった。

② トムは、年を とった おじいさんと ふたりで くらして いました。

こそあどことば ①

● つぎの ☐ に あてはまる ことばを 上から えらんで 書きましょう。

「これ」
話し手に 近い もの を さす。

「それ」
聞き手に 近い もの を さす。

「あれ」
話し手・聞き手 どちらにも 遠い もの を さす。

「どれ」
話し手・聞き手 わからない ものを さす。

① ねこを だいて 言いました。
「☐ は わたしの ねこです。」

② あなたの 前に ある、☐ は 何ですか。

③ 遠くに 見える ☐ が わたしの 通う 学校です。

④ この 中の ☐ が きみの もの か わかりません。

⑤ おおかみが むこうから 近づいて きました。
ひつじは、☐ を 見て いた びっくり しました。

47

こそあどことば ②

名まえ

月　日

● つぎの □ に あてはまる ことばを 上から えらんで 書きましょう。

① やっと、げんかんに たどりつきました。
□ が、山田くんの うちです。

② きみは □ から 来たのですか。

③ まいごの 子ねこは □ に 行ってしまったのだろう。

④ 山の 上を 見て ください。山の 上に たっている お寺に 行きたいのです。
□ に たっている お寺に 行きたいのです。

⑤ あなたが 今 つかって いる つくえの 上、□ に はさみが ありますよ。

話し手に 近い ばしょを さす。
「ここ」

聞き手に 近い ばしょを さす。
「そこ」

話し手・聞き手 どちらからも 遠い ばしょを さす。
「あそこ」

話し手・聞き手 の　　　　　を さす。

話し手に わからない ばしょを さす。
「どこ」

48

つなぎことば ①

名まえ　　　　月　日

● つぎの ☐ に あてはまる ことばを ┊ ┊ から えらんで 書きましょう。

① 今夜は 星が きれいです。☐ 明日は、きっと よい 天気でしょう。

② くつやへ 行った。☐ パンやへも 行った。

③ 山へ 行こうか。☐ 海へ 行こうか。

④ ねむい。☐ がんばって おきて いよう。

⑤ 早めに 学校へ 行った。☐ けい子さんが やって きた。☐ むこうから

```
すると　　でも　　だから
それから　　それとも
```

ファイト!

つなぎことば ②

名まえ

月　日

● つぎの　文の　つなぎことばで　正しい　方を　○で　かこみましょう。

① 明日は　晴れでしょうか。

　｛そこで
　　それとも｝

　　くもりでしょうか。

② 大声で　人を　よびました。

　｛ところが
　　すると｝

　　だれも　ふりむきません。

③ 子どもは　ころんで　しまいました。

　｛だから
　　けれども｝

　　なきませんでした。

④ おばあさんは　年よりです。

　｛それで
　　しかし｝

　　なかなか　元気です。

⑤ 今、お金を　ためて　います。

　｛さて
　　すると｝

　　どれくらい　たまるでしょうか。

はなまる
ゲットだ！

「だれ」が

名まえ　　　　　月　日

つぎの 文を 読んで （　）に あう ことばを 書きましょう。

(1) けい子さんが えんぴつで 書きました。

「だれ」が えんぴつで 書きましたか。

（　　　　　）が 書きました。

(2) お母さんが、カレーを 作ります。わたしは おつかいを たのまれました。

① 「だれ」が カレーを 作りますか。

（　　　　　）が 作ります。

② 「だれ」が おつかいを たのまれましたか。

（　　　　　）が おつかいを たのまれました。

(3) 妹が ころびました。ぼくは いそいで たすけおこしました。「けがが なくて よかったね。」と 友だちが 言いました。

① ころんだのは 「だれ」ですか。

（　　　　　）です。

② たすけおこしたのは 「だれ」ですか。

（　　　　　）です。

③ 「けがが なくて よかったね。」と 言ったのは 「だれ」ですか。

（　　　　　）です。

(4) 学校から 帰って、たかしさんは ひろとさんを あそびに さそいました。そこへ だいちさんが 通りかかったので さそって 三人で あそびました。

あそんだ 三人は 「だれ」と 「だれ」と 「だれ」ですか。

（　　　　　）と（　　　　　）と（　　　　　）です。

「何」が

名まえ

月　日

つぎの 文を 読んで （　）に あう ことばを 書きましょう。

(1)
花が さいて います。
つぼみも ふくらんで きて います。

① 「何」が さいて いますか。
（　　　）が さいて います。

② 「何」が ふくらんで きて いますか。
（　　　）が ふくらんで きて います。

(2)
家の 前に、自てん車が とまって いました。中に 入ると にもつが おいて ありました。

① 家の 前に とまって いたのは 「何」ですか。
（　　　）です。

② 中に 入ると おいて あったのは 「何」ですか。
（　　　）です。

(3)
ポケットから お金が ころがりおちました。風が ふいて、雨も ふって きました。

① ポケットから ころがりおちたのは、
（　　　）です。

② ふいて きたのは
（　　　）です。

③ ふって きたのは
（　　　）です。

(4)
おいしそうな おかしが あります。よく 見ると となりに お茶も 用いされて いました。

① おいしそうなのは 「何」ですか。
（　　　）です。

② となりに 用いされて いたのは 何ですか。
（　　　）です。

「どうする」「どうした」

名まえ

月　日

● つぎの　文を　読んで　（　）に　あう　ことばを　書きましょう。

(1)
ゆなさんは、パンを　食べました。

ゆなさんは「どうしました」か。
ゆなさんは、パンを

（　　　　　　）。

(2)
りょうさんは、今から　歌を　歌います。

りょうさんは「どうします」か。
りょうさんは、歌を

（　　　　　　）。

(3)
みきさんは、さいふから　百円玉を　とり出しました。

みきさんは　さいふから　百円玉を「どうしました」か。
百円玉を

（　　　　　　）。

(4)
きのう、おじいちゃんが、あそびに　来ました。ぼくは、おじいちゃんと　いっしょに　おふろに　入りました。そして　おじいちゃんの　せなかを　ながしました。

① きのう、おじいちゃんが、「どうしました」か。
あそびに

（　　　　　　）。

② ぼくは、おじいちゃんと　いっしょに「どうしました」か。
おふろに

（　　　　　　）。

③ そして、おじいちゃんの　せなかを「どうしました」か。
せなかを

（　　　　　　）。

「いつ」

つぎの 文を 読んで （　）に あう ことばを 書きましょう。

(1) あす ななさんは、遠足に 行きます。

「いつ」ななさんは、遠足に 行きますか。

（　）ななさんは、遠足に 行きます。

(2) 朝、雨が ふって きました。

「いつ」、雨が ふって きましたか。

（　）、ふって きました。

(3) きのうは、くもりでした。きょうは、よい 天気に なりました。

① くもりだったのは （　）です。

② よい 天気に なったのは （　）です。

(4) 昼休みに、グラウンドで ドッジボールを した。ほうかご、中にわで こま回しを した。

① グラウンドで ドッジボールを したのは （　）です。

② 中にわで こま回しを したのは （　）です。

(5) 五才の とき、自てん車に のれるように なった。

自てん車に のれるように なったのは 「いつ」ですか。

（　）のとき。

(6) ゴールを きめた とき、ぼくは ガッツポーズを しました。

ガッツポーズを したのは、「いつ」ですか。

（　）とき。

「どこ」で

月　日

つぎの 文を 読んで （　）に あう ことばを 書きましょう。

(1) ぼくは、友だちと 学校で あそびました。

ぼくは、「どこ」で あそびましたか。

（　　　　　）で あそびました。

(2) お母さんが、台どころで、夕ごはんの 用いを して いる。

お母さんは、「どこ」で 夕ごはんの 用いを して いますか。

（　　　　　）で 夕ごはんの 用いを して います。

(3) とても あつい 日 だった。わたしは プールで およいだ。

わたしが およいだ ところは
（　　　　　）です。

(4) 朝ごはんの 前に、ポチを つれて 海へ さん歩に 行った。

朝ごはんの 前に、ポチを つれて さんぽに 行ったのは 「どこ」ですか。
（　　　　　）です。

(5) かくれんぼを しました。みちるさんは、草はらに かくれました。ゆみさんは、木の かげに かくれました。ゆたかさんは、木の 上に かくれました。はるとさんは、ゆうぐに かくれました。あやさんは、つき山の トンネルに かくれました。

かくれんぼで 五人が かくれたのは 「どこ」ですか。

みちるさん……（　　　　　）
ゆみさん……（　　　　　）
ゆたかさん……（　　　　　）
はるとさん……（　　　　　）
あやさん……（　　　　　）

「何」を

● つぎの 文を 読んで（ ）に あう ことばを 書きましょう。

(1) はるなさんが、りんごの かわを むきました。

はるなさんは「何」を むきましたか。
（　　　　　）を むきました。

(2) あきらさんが、だんごむしを 見つけました。さわると からだを まるめました。

① あきらさんは「何」を 見つけましたか。
（　　　　　）を 見つけました。

② さわると「何」を まるめましたか。
（　　　　　）を まるめました。

(3) とても さむい 日です。よう子さんは 手ぶくろと マフラーを して うちを 出ました。

よう子さんは「何」と「何」を して うちを 出ましたか。
（　　　　　）と
（　　　　　）を し
て うちを 出ました。

(4) ぼくは おつかいに 行った。やおやで ほうれん草と 白さいを 買って、とうふやで とうふと あつあげを 買った。

ぼくは、おつかいで「何」と「何」を 買いましたか。

① やおやで
（　　　　　）と
（　　　　　）を 買った。

② とうふやで
（　　　　　）と
（　　　　　）を 買った。

「〜から。」「〜こと。」

月　日

「なぜですか。」、「どうして〜ですか。」など、りゆうを たずねられた ときは、「〜から。」と 答えます。（同じような 答え方で「〜ため。」も あります。）

① つぎの 文を 読んで もんだいに 答えましょう。

(1)
のどが かわいたから、ぼく は ジュースを のみました。

「なぜ」ジュースを のんだのですか。

（　　　　　　　）から。

(2)
わたしは かんごしに なりたいです。なぜなら、人の いのちを すくいたいからです。

「なぜ」かんごしに なりたいのですか。

（　　　　　　　）から。

「どんな ことですか。」、「〜ことは 何ですか。」などのように、ことがらを たずねられた ときは、「〜こと。」と 答えます。

② つぎの 文を 読んで もんだいに 答えましょう。

(1)
さとしさんは、犬に エサを やる ことを まかされて います。

さとしさんが まかされて いる ことは 何ですか。

（　　　　　　　）こと。

(2)
友だちと 毎日 会える ことは、しあわせな ことだと 思います。

友だちと 毎日 会える ことは、しあわせだと 思う ことは、どんな こと ですか。

（　　　　　　　）こと。

○ つぎの 詩を 読んで もんだいに 答えましょう。

名まえ

月　　　日

大きな古時計

大きな のっぽの 古時計

おじいさんの 時計

百年 いつも うごいていた

ごじまんの 時計さ

おじいさんの 生まれた 朝に

買ってきた 時計さ

今は もう うごかない

その 時計

百年 休まずに

チクタク チクタク

おじいさんと いっしょに

チクタク チクタク

今は もう うごかない

その 時計

ウォーク・ヘンリー・クレイ　作詩・作曲
保富 庚午　訳詩

① おじいさんの 時計は、「どんな」古
時計ですか。

（　　　）な
（　　　）の 古時計

② 百年 いつも うごいて いた 「ど
んな」 時計ですか。

（　　　）の 時計

③ 今は もう 「どんな」 その 時計で
すか。

今は もう
（　　　）
その 時計

④ 時計は 「どんな」 音が しましたか。

（　　　）

58

名まえ

月　日

つぎの 詩を 読んで もんだいに 答えましょう。

となりの トトロ

だれかが こっそり
こみちに このみ うずめて
ちっさな め はえたら
ひみつの あんごう
もりへの パスポート
すてきな ぼうけん はじまる
となりの トトロ トトロ
トトロ トトロ
もりの 中に むかしから
すんでる となりの トトロ
トトロ トトロ トトロ
こどもの ときに だけ
あなたに おとずれる
ふしぎな であい

宮崎 駿　作詩
久石 譲　作曲

① 「だれ」が このみを うずめましたか。
（　　　　　　）

② 「どんな」ふうに うずめましたか。
（　　　　　　）

③ 「どこ」に このみを うずめましたか。
（　　　　　　）

④ 「何」が はえたら ひみつの あんごうですか。
（　　　　　　）

⑤ ひみつの あんごうは もりへの「何」ですか。
（　　　　　　）

⑥ 「どんな」ぼうけんが はじまるのですか。
（　　　　　　）

⑦ となりの トトロは 「どこ」にすんで いますか。
（　　　　　　）ぼうけん

⑧ 「いつ」から すんで いますか。
（　　　　　　）から

⑨ 「どんな」であい ですか。
（　　　　　　）であい

名まえ

月　日

● つぎの 文を 読んで もんだいに 答えましょう。

よが あけました。
あさの ひかりを あびて、
竹やぶの 竹の はっぱが、
「さむかったね。」
と ささやいて います。
「うん、さむかったね。」
と ささやいて います。
雪が まだ すこし のこって、
あたりは しんと して います。
どこかで、小さな こえが しました。
「よいしょ、よいしょ。おもたいな。」
竹やぶの そばの ふきのとうです。
雪の 下に あたまを 出して、
雪を どけようと、ふんばって いる
ところです。
「よいしょ、よいしょ。そとが 見
たいな。」
「ごめんね。」
と、雪が 言いました。
「わたしも、早く とけて 水に
なり、とおくへ いって あそびた
いけど。」
と、上を 見上げます。
「竹やぶの かげに なって、お日
さまが あたらない。」
と ざんねんそうです。

（くどう なおこ『こくご 二上 たんぽぽ』光村図書）

① 竹やぶの 竹の はっぱは 何と 言って
ささやいて いますか。

‿‿‿‿‿‿‿‿‿‿‿‿

② 小さな こえは 何と 言いましたか。

‿‿‿‿‿‿‿‿‿‿‿‿

③ ②は だれの こえですか。

‿‿‿‿‿‿‿‿‿‿‿‿

④ ――を 言って いるのは だれ
ですか。

‿‿‿‿‿‿‿‿‿‿‿‿

⑤ 雪は どういう ことが ざんねん
なのですか。

‿‿‿‿‿‿‿‿‿‿‿‿
こと。

名まえ

月　日

● つぎの　文を　読んで　もんだいに　答えましょう。

「すまない。」
と、竹やぶが　言いました。
「わたしたちも、ゆれて　おどりたい。
ゆれて　おどれば、雪に　日が
あたる。」
と、上を　見上げます。
「でも、はるかぜが　まだ　こない。
はるかぜが　こないと、おどれな
い。」
と　ざんねんそうです。
空の　上で、お日さまが　わらいま
した。
「おや、はるかぜが　ねぼうして
いるな。
竹やぶも　雪も　ふきのとうも、
みんな　こまって　いるな。」
そこで、南を　むいて　言いました。
「おうい、はるかぜ。おきなさい。」
お日さまに　おこされて、
はるかぜは、大きな　あくび。
それから、せのびして　言いました。

（くどう　なおこ『こくご　二上　たんぽぽ』光村図書）

① 「すまない」と　言ったのは　だれですか。

（　　　　　　　　　　）

② ①は、その　あと、何と　言いました
か。

（　　　　　　　　　　）

③ ①が、②の　あと　ざんねんそうに
言った　ことを　書きましょう。

（　　　　　　　　　　）

④ お日さまは　わらって、何と　言い
ましたか。

（　　　　　　　　　　）

⑤ お日さまに　おこされたのは　だれ
ですか。

（　　　　　　　　　　）

名まえ

月　日

● つぎの　文を　読んで　もんだいに　答えましょう。

「や、お日さま。や、みんな。おまちどお。」

はるかぜは、むね　いっぱいに　いきを　すい、ふうっと　いきを　はきました。

はるかぜに　ふかれて、

竹やぶが、ゆれる　ゆれる、おどる。

雪が、とける　とける、水に　なる。

ふきのとうが、ふんばる、せが　のびる。

ふかれて、ゆれて、とけて、ふんばって、

——もっこり。

ふきのとうが、かおを　出しました。

「こんにちは。」

もう、すっかり　はるです。

〈くどう　なおこ『こくご二上　たんぽぽ』光村図書〉

① はるかぜは　何と　言いましたか。

（　　　　　　　　）

② すっかりは　言いかえると　どういう　ことですか。○を　つけましょう。

（　）半分ぐらい

（　）あたり　一めん　ぜんぶ

（　）ほんの　ちょっと

③ はるかぜに　ふかれて　それぞれ　どうなりましたか。

竹やぶは　（　　　）て　（　　　）た。

雪は　（　　　）て　（　　　）た。

水に　（　　　）た。

ふきのとうは　（　　　）て　（　　　）た。

せが　（　　　）た。

名まえ

月　日

つぎの　文を　読んで　もんだいに　答えましょう。

広い　海の　どこかに、小さな　魚の　きょうだいたちが、たのしく　くらして　いた。

みんな　赤いのに、一ぴきだけは、からす貝よりも　まっくろ。およぐ　のは、だれよりも　はやかった。

名前は　スイミー。

ある　日、おそろしい　まぐろが、おなかを　すかせて、すごい　はやさで　ミサイルみたいに　つっこんで　きた。

一口で、まぐろは、小さな　赤い　魚たちを、一ぴき　のこらず　のみこんだ。

にげたのは　スイミーだけ。

スイミーは　およいだ、くらい　海の　そこを。こわかった。さびし　かった。とても　かなしかった。

（レオ＝レオニ　作　たにかわ　しゅんたろう　訳
『こくご』二上　たんぽぽ』光村図書）

① ──に　ついて、一ぴきだけ　魚の　きょうだいたちと　ちがって　いた　のは　どんな　ところですか。二つ　書きましょう。

（　　　　　）
（　　　　　）

② ──の　魚の　名前を　書きましょう。

（　　　　　）

③ まぐろは、どのように　つっこんで　きましたか。

（　　　　　）を　すかせて
（　　　　　）はやさで
（　　　　　）みたいに

④ まぐろは　小さな　赤い　魚たちを　どうしましたか。

（　　　　　）

⑤ にげた　スイミーは　どこを　およ　ぎましたか。

（　　　　　）

ものがたり文　スイミー②

名まえ

つぎの　文を　読んで　もんだいに　答えましょう。

けれど、海には、すばらしい ものが いっぱい あった。おもしろい ものを 見る たびに、スイミーは、だんだん 元気を とりもどした。

にじ色の ゼリーのような くらげ。水中ブルドーザーみたいな いせえび。

見た ことも ない 魚たち。見えない 糸で ひっぱられて いる。

ドロップみたいな 岩から 生えて いる、こんぶや わかめの 林。

うなぎ。かおを 見る ころには、しっぽを わすれて いるほど 長い。

そして、風に ゆれる もも色の やしの 木みたいな いそぎんちゃく。

（レオ＝レオニ 作 たにかわ しゅんたろう 訳 『こくご二上 たんぽぽ』光村図書）

スイミーは 何を 見て 元気を とりもどしましたか。

① （　　　　　　）のような

② （　　　　　　）みたいな

③ （　　　　　　）もない

④ （　　　　　　）から 生えている（　　　　　　）

⑤ （　　　　　　）

⑥ （　　　　　　）みたいな（　　　　　　）

名まえ

月　日

つぎの　文を　読んで　もんだいに　答えましょう。

その　とき、岩かげに　スイミーは　見つけた、スイミーのと　そっくりの、小さな　魚の　きょうだいたちを。

スイミーは　言った。

「出て　こいよ。みんなで　あそぼう。おもしろい　ものが　いっぱいだよ。」

小さな　赤い　魚たちは、こたえた。

「だめだよ。大きな　魚に　たべられて　しまうよ。」

「だけど、いつまでも　そこに　じっと　して　いる　わけには　いかないよ。なんとか　かんがえなくちゃ。」

スイミーは　かんがえた。いろいろ　かんがえた。うんと　かんがえた。

（レオ＝レオニ　作　たにかわ　しゅんたろう　訳
『こくご二上　たんぽぽ』光村図書）

① 岩かげで　スイミーが　見つけたのは　だれですか。

（　　　　　）の
（　　　　　）のと

② スイミーは、①に、何と　言って　よびかけましたか。

③ スイミーは、①に、何と　言って　よびかけましたか。
② の　よびかけに、①は、何と　答えましたか。

④ ③を　きいて、スイミーは　何と　言いましたか。
③を　きいて、スイミーは　何と　言いましたか。

● つぎの 文を 読んで もんだいに 答えましょう。

それから、とつぜん、スイミーは さけんだ。

「そうだ。みんな いっしょに およぐんだ。海で いちばん 大きな 魚の ふりを して。」

スイミーは 教えた。けっして、はなればなれに ならない こと。

みんな、もちばを まもる こと。

みんなが、一ぴきの 大きな 魚みたいに およげるように なった とき、スイミーは 言った。

「ぼくが、目に なろう。」

あさの つめたい 水の 中を、ひるの かがやく 光の 中を、みんなは およぎ、大きな 魚を おい出した。

（レオ＝レオニ 作 たにかわ しゅんたろう 訳
『こくご二上 たんぽぽ』 光村図書）

① スイミーは、何と さけびましたか。

＿＿＿＿＿＿＿＿＿

② スイミーが みんなに 教えた、二つの ことを 書きましょう。

＿＿こと。　＿＿こと。

③ さいごに スイミーは 何と 言いましたか。

＿＿＿＿＿＿＿＿＿

④ 大きな 魚を おい出した スイミーに、あなたが 言って あげたい ことを 書きましょう。

＿＿＿＿＿＿＿＿＿

名まえ

月　日

つぎの 文を 読んで もんだいに 答えましょう。

むかしむかし、ある ところに、じいさま と ばあさまが ありましたと。

ア びんぼうで、その 日 その 日を イ くらして おりました。

ある 年の 大みそか、じいさまは ためいきを ついて 言いました。

「ああ、その へんまで お正月さんが ご ざらっしゃると いうに、もちこの 用いも できんのう。」

「ほんにのう。」

「何ぞ、売る もんでも あれば ええがのう。」

じいさまは、ざしきを 見回したけど、何にも ありません。

「ほんに、何にも ありゃせんのう。」

ばあさまは 土間の 方を 見ました。

すると、夏の 間に かりとって おいた すげが つんで ありました。

「じいさま じいさま、かさこ こさえて、町さ 売りに 行ったら、もちこ 買えんかのう。」

「おお おお、それが ええ。そう しよう。」

そこで、じいさまと ばあさまは 土間に 下り、ざんざら すげを そろえました。そして、せっせと すげがさを あみました。

（いわさき きょうこ『新しい国語 二下』東京書籍）

① ア、イに あてはまる ことばを つぎの [　] から えらんで 書きましょう。

ア [　　　]　イ [　　　]

やっと　　だから
たいそう　　ゆうゆうと

② 大みそかとは いつの ことですか。

（　　　　　　）

③ ばあさまが 土間で 見つけた ものは 何ですか。

（　　　　　　）に かりとって おいた

（　　　　　　）

④ ③で 見つかった ものを あんで 何を つくりましたか。

（　　　　　　）

名まえ

月　日

○ つぎの 文を 読んで もんだいに 答えましょう。

かさが 五つ できると、じいさまは そ
れを しょって、
「帰りには、もちこ 買って くるで。にん
じん、ごんぼも しょって くるでのう。」
と 言うて、出かけました。
町には 大年の市が 立って いて、正月
買いもんの 人で 大にぎわいでした。
うすや きねを 売る 店も あれば、山
から まつを 切って きて、売って いる
人も いました。
「ええ、まつは いらんか。おかざりの ま
つは いらんか。」
じいさまも、声を はり上げました。
「ええ、かさや かさやあ。かさこは いら
んか。」
けれども、だれも ふりむいて くれませ
ん。しかたなく、じいさまは 帰る ことに
しました。
「年こしの 日に、かさこなんか 買う も
んは おらんのじゃろ。ああ、もちこも
もたんで 帰れば、ばあさまは がっかり
するじゃろうのう。」
いつのまにか、日も くれかけました。
じいさまは、とんぼり とんぼり 町を
出て、村の 外れの 野っ原まで 来ました。

（いわさき きょうこ 『新しい国語 二下』東京書籍）

① かさは いくつ できましたか。

（　　　　）

② じいさまは 何と 何と 何を 買っ
てくると 言いましたか。

（　　　）（　　　）（　　　）

③ 町の 市では どんな ものを 売っ
ていましたか。

（　　　）や（　　　）

④ ―― について、じいさまは どうし
て 帰る ことに したのですか。
一つ えらび、○を つけましょう。
（　）帰りたくなったから。
（　）かさが 売れなかったから。
（　）ばあさまが 気に なったから。

⑤ じいさまが 元気を なくして 町
を 出た ようすの わかる こと
ばに 〜〜を 引きましょう。

名まえ

月　日

○ つぎの　文を　読んで　もんだいに　答えましょう。

ふと　顔を　上げると、道ばたに　じぞうさまが　六人　立って　いました。
おどうは　なし、木の　かげも　なし、ふきっさらしの　野っ原なもんで、じぞうさまは　かたがわだけ　雪に　うもれて　いるのでした。
「おお、お気のどくにな。さぞ　つめたかろうのう。」
じいさまは、じぞうさまの　おつむの　雪をかきおとしました。
「こっちの　じぞうさまは、　ア　に　しみを　こらえて。それから、この　じぞうさまは　どうじゃ。　イ　から　つららを　下げて　ござらっしゃる。」
じいさまは、ぬれて　つめたい　じぞうさまの　ウ　やら　エ　やらを　なでました。
「そうじゃ。この　かさこを　かぶって　くだされ。」
じいさまは、売りものの　かさを　じぞうさまに　かぶせると、風で　とばぬよう、しっかり　あごの　ところで　むすんで　あげました。
ところが、じぞうさまの　数は　六人、かさこは　五つ。どうしても　足りません。
「おらので　わりいが、こらえて　くだされ。」
じいさまは、自分の　つぎはぎの　手ぬぐいを　とると、いちばん　しまいの　じぞうさまに　かぶせました。
「これで　ええ、これで　ええ。」
そこで、やっと　安心して、うちに　帰りました。

（いわさき きょうこ『新しい国語 二下』東京書籍）

① ア～エの　□　の　中に　あてはまる　ことばを　つぎの　□　からえらんで　書きましょう。

ア

イ

ウ　　か　た

エ

ほおべた
かた
はな
せな

② じぞうさまは　何人　立って　いましたか。

（　　　　　）

③ じいさまは　じぞうさまに　かさをかぶせるとき　何と　言いましたか。

（　　　　　）

④ じいさまは　かさこが　足りないのでかわりに　何を　かぶせてあげましたか。

（自分の　　　　の　　　　）

ものがたり文 かさこじぞう ④

名まえ

月　日

つぎの 文を 読んで もんだいに 答えましょう。

「ばあさま ばあさま、今 帰った。」

「おお おお、じいさまかい、さぞ つめたかったろうの。かさこは 売れたのかね。」

「それが さっぱり 売れんでのう。」

じいさまは、とちゅうまで 来ると、じぞうさまが 雪に うもれて いた 話を して、

「それで おら、かさこ かぶせて きた。」

と 言いました。すると、ばあさまは いや な顔 ひとつ しないで、

「おお、それは ええ ことを しなすった。じぞうさまも、この 雪じゃ さぞ つめたかろうもん。さあ さあ、じいさま、いろりに 来て 当たって くだされ。」

じいさまは、いろりの 上に かぶさるように して、ひえた 体を あたためました。

「やれ やれ、もちこなしの 年こしだ。そんなら ひとつ もちつきの まねごとでも しょうかのう。」

じいさまは、

米の もちこ

ひとうす ばったら

と、いろりの ふちを たたきました。

（いわさき きょうこ 『新しい国語 二下』 東京書籍）

① さぞは どんな いみですか。（　）に ○を つけましょう。

（　）ふるえるほどに
（　）どんなにか
（　）ほんの すこし

② ──の ばあさまを どう 思いますか。

③ じいさまは なぜ ──のように したのでしょう。○を つけましょう。

（　）体じゅうを あたためる ため。
（　）いろりの 中に 入って いる ものを とる ため。
（　）いろりを かくす ため。

④ 上の 文の ▢の 中に ぴったり あてはまる ことばを ┊┊の 中から えらんで 書きましょう。

とうぜん　　　とうとう
やっぱり　　　そろそろ

70

ものがたり文 かさこじぞう ⑤

名まえ　　　月　日

つぎの 文を 読んで もんだいに 答えましょう。

すると、ばあさまも ほほと わらって、あわの もちこ ひとうす ばったら

と、あいどりの まねを しました。

それから、二人は、つけな かみかみ、おゆを のんで 休みました。

すると、真夜中ごろ、雪の 中を、

じょいやさ じょいやさ

と、そりを 引く かけ声が して きました。

「ばあさま、今ごろ だれじゃろ。長者どんの わかいしゅが 正月買いもんを しのこして、今ごろ 引いて きたんじゃろうか。」

ところが、そりを 引く かけ声は、長者どんの やしきの 方には 行かず、こっちに 近づいて きました。

耳を すまして 聞いて みると、

六人の じぞうさ

かさこ とって かぶせた

じさまの うちは どこだ

ばさまの うちは どこだ

と 歌って いるのでした。

（いわさき きょうこ『新しい国語 二下』東京書籍）

※つけな…なっぱの つけものの こと

① ばあさまは 何と 言って あいどりの まねを しましたか。

＿＿＿＿＿＿＿＿＿

② 二人は 何を 食べて 何を のんで 休みましたか。

（　　　）を 食べて、

（　　　）を のんで 休んだ。

③ 真夜中ごろ きこえたのは、どんな かけ声でしたか。

＿＿＿＿＿＿＿＿＿

④ 近づいて きた 歌声は 何と 歌って いましたか。

＿＿＿＿＿＿＿＿＿

名まえ

月　日

● つぎの 文を 読んで もんだいに 答えましょう。

そして、じいさまの うちの 前で 止まると、何やら おもい ものを、

と 下ろして いきました。

じいさまと ばあさまが おきて いって、雨戸を くると、かさこを かぶった じぞうさまと、手ぬぐいを かぶった じぞうさまが、

じょいやさ じょいやさ

と、空ぞりを 引いて、帰って いく ところでした。

のき下には、米の もち、あわの もちの たわらが おいて ありました。

その ほかにも、みそだる、にんじん、ごんぼや だいこんの かます、おかざりの まつなどが ありました。

じいさまと ばあさまは、　ア　お正月を むかえる ことが できましたと。

※かます…野さいなどを 入れる わらの ふくろ

（いわさき きょうこ 『新しい国語 二下』東京書籍）

① 　　 に あてはまる ことばを 　 から えらんで 書きましょう。

　かたかた
　きょろきょろ
　ずっさん ずっさん

② ～～～で、空ぞりを 引いて 帰って 行ったのは だれですか。

（　　）と（　　）

③ のき下には どんな ものが おいて ありましたか。

＿＿＿＿＿＿＿＿＿

＿＿＿＿＿＿＿＿＿

④ アに あてはまる ことばを えらび、（ ）に ○を つけましょう。

（　）よい
（　）かなしい
（　）さんざんな

● つぎの 文を 読んで もんだいに 答えましょう。

春に なると、たんぽぽの 黄色い きれいな 花が さきます。

二、三日 たつと、その 花は しぼんで、だんだん 黒っぽい 色に かわって いきます。

そうして、たんぽぽの 花の じくは、ぐったりと じめんに たおれて しまいます。

ア 、たんぽぽは、かれて しまったのでは ありません。花と じくを しずかに 休ませて、たねに、たくさんの えいようを おくっ て いるのです。

イ 、たんぽぽは、たねを どんどん 太らせ るのです。

（うえむら としお『こくご二上 たんぽぽ』光村図書）

① たんぽぽは、いつ さきますか。

（　　　　　）

② 花は はじめ どんな 色ですか。

（　　　　　）

③ 二、三日 たつと どんな 色に かわりますか。

（　　　　　）

④ じめんに たおれた たんぽぽは かれたのですか。かれて いないの ですか。

（　　　　　）

⑤ アと イに あてはまる ことばを つぎの ┊┈┈┊から えらんで 書き ましょう。

ア ［　　　　　　　］

イ ［　　　　　　　］

┊けれども
┊どうして
┊だから
┊こうして┊

○ つぎの 文を 読んで もんだいに 答えましょう。

やがて、花は すっかり かれて、その あとに、白い わた毛が できて きます。

この わた毛の 一つ一つは、ひろがると、ちょうど らっかさんの ように なります。たんぽぽは、この わた毛に ついて いる たねを、ふわふわと とばすのです。

この ころに なると、それまで たおれて いた 花の じくが、また おき上がります。そうして、せのびを するように、ぐんぐん のびて いきます。

なぜ、こんな ことを するのでしょう。それは、せいを 高く する ほうが、わた毛に 風が よく あたって、たねを とおくまで とばす ことが できるからです。

（うえむら としお 『こくご二上 たんぽぽ』 光村図書）

① たんぽぽの 花が かれた あとに できるのは 何ですか。

（　　　　　）

② ①の 一つ一つ ひろがると 何の ように なりますか。

（　　　　　）

③ たんぽぽが たねを とばす ころ おき上がるのは どの ぶ分ですか。

（　　　　　）

④ ──の 答えに なる 文を、上の 文しょうから 見つけて 書きましょう。

（　　　　　　　　　　　からです。）

名まえ

月　日

つぎの 文を 読んで もんだいに 答えましょう。

よく 晴れて、風の ある 日に は、わた毛の らっかさんは、いっ ぱいに ひらいて、とおくまで と んで いきます。

でも、しめり気の 多い 日や、 雨ふりの 日には、わた毛の らっ かさんは、すぼんで しまいます。 それは わた毛が しめって、おも く なると、たねを とおくまで とばす ことが できないからです。

このように、たんぽぽは、いろい ろな ちえを はたらかせて いま す。そうして、あちらこちらに た ねを ちらして、あたらしい なか まを ふやして いくのです。

（うえむら としお 『こくご 二上 たんぽぽ』 光村図書）

① よく 晴れて、風の ある 日、わた毛 の らっかさんは どうなりますか。

￼ ￼

て、 いきます。

② しめりけの 多い 日や、雨ふりの 日には、わた毛の らっかさんは どうなりますか。

￼

③ ②のように なるのは なぜですか。

￼ から。

④ たんぽぽが ちえを はたらかせる のは 何の ためですか。

￼ を
￼ ため。

名まえ

月　日

つぎの 文を 読んで もんだいに 答えましょう。

たんぽぽは じょうぶな 草です。はが ふまれたり、つみとられたり しても、また 生えてきます。ねが 生きて いて、あたらしい はを つくり出すのです。

たんぽぽの ねを ほって みました。ながい ねです。百センチメートルいじょうの ものも ありました。

はるの はれた 日に、花が さきます。花は、夕方 夕日が かげると、とじて しまいます。よるの あいだ、ずっと とじて います。つぎの 日、日が さして くると、また ひらきます。

花を よく 見て みましょう。一つの 花のように 見えるのは、小さな 花の あつまりなのです。小さな 花を 数えて みたら、百八十も ありました。これより 多い ものも、少ない ものも あります。この 小さな 花に、みが 一つずつ できるように なって います。

（ひらやま かずこ 『新しい国語 二上』東京書籍）

① たんぽぽが、はを ふまれたり、つみとられたり しても、また 生えて くるのは なぜですか。
（　　　　　　　　　から。）

② たんぽぽの 花は、どんな 日に さきますか。
（　　　　）の（　　　　）日

③ 花は いつ とじますか。
（　　　　）

④ 花が また ひらくのは いつ、どうなった ときですか。
（　　　　）、
（　　　　）とき。

⑤ 一つの 花のように 見えるのは 何の あつまりですか。
（　　　　　　　　　）

名まえ

月　日

つぎの 文を 読んで もんだいに 答えましょう。

花が しぼむと、みが そだって いきます。みが じゅくすまで、花のくきは、ひくく たおれて います。

みが じゅくして たねが できると、くきは おき上がって、たかくのびます。

はれた 日に、わた毛が ひらきます。たかく のびた くきの上のわた毛には、風が よく 当たります。わた毛は、風に ふきとばされます。かるくて ふわふわしたわた毛は、風に のって、とおくに行く ことが できます。

わた毛が 土に おちると、わた毛に ついて いる たねが、やがて めを 出します。たんぽぽは、そこで ねを はって、そだっていきます。

このように して、たんぽぽは、いろいろな ところに 生え、なかまを ふやして いくのです。

（ひらやま かずこ 『新しい国語 二上』東京書籍）

① みが そだつのは 花が どうなった あとですか。

◯◯◯◯◯◯◯◯◯◯◯◯◯
あと。

② みが じゅくすまで 花の くきは どうなって いますか。

◯◯◯◯◯◯◯◯◯◯◯◯◯

③ みが じゅくすと、くきは どうなりますか。

◯◯◯◯◯◯◯◯◯◯◯◯◯

④ わた毛が ひらくのは、どんな 日ですか。

◯◯◯◯◯◯◯◯◯◯◯◯◯

⑤ かるくて ふわふわした わた毛はどんな ことが できますか。

◯◯◯◯◯◯◯◯◯◯◯◯◯に のって、
◯◯◯◯◯◯◯◯◯◯◯◯◯に
◯◯◯◯◯◯◯◯◯◯◯◯◯ことが できる。

● つぎの 文を 読んで もんだいに 答えましょう。

ここは、北アメリカ。大きな 森の 中の 川の ほとりです。ビーバーが、木の みきを かじっています。

ガリガリ、ガリガリ。すごい はやさです。木の 根元には、たちまち 木の かわや 木くずが とびちり、みきの 回りが 五十センチメートルいじょうも ある 木が、ドシーンと 地ひびきを 立てて たおれます。

ちかよって みますと、上あごの 歯を 木の みきに 当てて ささえにし、下あごの するどい 歯で、ぐいぐいと かじって いるのです。するどくて 大きい 歯は、まるで、大工さんの つかう のみのようです。

あちらでも こちらでも、ポプラや やなぎの 木が つぎつぎに たおされて いきます。

ドシーン、ドシーン。

（なかがわ しろう 『新しい国語 二下』東京書籍）

① ビーバーが 木の みきを かじる とき どんな 音が しますか。

（　　　　　　　　）

② 地ひびきを 立てて たおれるのは どんな 木ですか。

（　　　　　　　　　　　）

③ ビーバーは どんな ふうに して 木を かじりますか。

（　　　　　　　）を
（　　　　　）に し、
（　　　　　　）で
（　　　　　）と かじる。

④ ビーバーの 歯は、何のようですか。

（　　　　　　）の つかう（　　　）のようですか。

⑤ ～～は 何の 木の たおれる 音ですか。

（　　　　）や
（　　　　）

名まえ

月　日

● つぎの 文を 読んで もんだいに 答えましょう。

ビーバーは、切りたおした 木を、さらに みじかく かみ切り、ずるずると 川の 方に 引きずっていきます。そして、木を しっかりとくわえた まま、上手に およいで いきます。

ビーバーは、ゆびと ゆびの 間に じょうぶな 水かきが あるに 後ろあしで、ぐいぐいと 体を おしすすめます。おは、オールのような 形を していて、上手に かじを とります。

ビーバーは、木を くわえた まま、水の 中へ もぐって いきます。そうして、木の とがった 方を 川の そこに さしこんで、ながれないように します。その 上に 小えだを つみ上げて いき、さら 石で おもしを して、どろでしっかり かためて いきます。

家族の ビーバーたちも、はこんできた 木を つぎつぎに ならべ、石と どろで しっかりとかためて いきます。

（なかがわ しろう 『新しい国語 二下』東京書籍）

① ビーバーは、切りたおした 木をどこへ 引きずって いきますか。

（　　　　）

② 木を しっかり くわえたまま どうしますか。

（　　　　）

③ ゆびと ゆびの 間に 何が ありますか。

（　　　　）

④ 木を くわえたまま どこへ もぐりますか。

（　　　　）

⑤ 木が ながれないように どうしますか。

（　　　　）

⑥ ⑤の 上に つみ上げる ものは 何ですか。

（　　　　）

⑦ おもしは 何で しますか。

（　　　　）

⑧ 何で かためますか。

（　　　　）

名まえ

月　日

つぎの　文を　読んで　もんだいに　答えましょう。

一度　もぐった　ビーバーは、ふつうで　五分間、長い　ときには　十五分間も　水の　中に　います。

ビーバーは、夕方から　夜中まで、家族そう出で　しごとを　つづけます。

こうして、つみ上げられた　木と　石と　どろは、一方の　川岸から　はんたいがわの　川岸まで、少しずつのびて　いき、やがて　川の　水を　せき止める　りっぱな　ダムが　できあがります。

今までに　見つかった　ビーバーの　ダムの　中には、高さ　二メートル、長さ　四百五十メートルも　ある　大きな　ものも　あったと　いう　ことです。

（なかがわ　しろう　『新しい国語　二下』東京書籍）

① ビーバーは　どのくらい　水の　中に　いますか。

　ふつう　……（　　　　　　）

　長いとき　……（　　　　　　）

② ビーバーは　いつから　いつまで　しごとを　つづけますか。

（　　　　　）から

（　　　　　）まで

③ つみ上げられたのは　何と　何と　何ですか。

（　　　　　）

（　　　　　）

（　　　　　）

④ ③は　やがて　何に　なりますか。

（　　　　　）

⑤ ④は　大きな　もので　どのくらい　ありますか。

（　　　　　）

名まえ

月 日

○ つぎの 文を 読んで もんだいに 答えましょう。

ダムが できあがって、水が せき 止められると、その 内がわに みずうみが できます。

ビーバーは、その みずうみの まん中に、すを 作ります。

すは、ダムと 同じように、木と 石と どろを つみ上げて 作ります。それは、まるで、水の 上に うかんだ しまのようです。

すの 入リ口は、水の 中に あり、ビーバーのように、およぎの 上手な どうぶつで ないと、けっして すの 中に 入る ことは できません。

ビーバーが ダムを 作るのは、それで 川の 水を せき 止めて みずうみを 作り、その みずうみの 中に、てきに おそわれない あんぜんな すを 作る ためなの です。

（なかがわ しろう 『新しい国語 二下』東京書籍）

① ダムの 水が せき 止められると 内がわに できるのは 何ですか。

（　　　　　　）

② ビーバーは ①の まん中に 何を 作りますか。

（　　　　　　）

③ ②は 何を つみ上げて 作りますか。

（　　　）（　　　）（　　　）

④ すの 入リ口は どこに ありますか。

（　　　　　　）

⑤ ビーバーが すの 中に 入る ことが できるのは、どんな どうぶつだからですか。

（　　　　　　）

⑥ ビーバーが ダムを 作るのは 何を 作る ためですか。

（　　　）な（　　　）

名まえ

月　日

① つぎの どちらの □にも あてはまる かん字を 書きましょう。

① まん□の □つき
げつ／つき

② □ように くんだ □
すい／みず

③ □色のお□
きん／いろ／かね

④ 花□に 点□する。
はな／び／てん／か

⑤ □の□目
き／もく

⑥ □ように ほった □
ど／つち

⑦ □ように 見た 夕□
にち／ゆう／ひ

② つぎの □に あてはまる かん字を 書き、かん字かるたを 作りましょう。

① いちごが □つぶ おいしいな。
ひと

② にわとりが □羽 やってきた。
に／わ

③ さんまが □びき およいでる。
さん

④ ヨットが □そう うかんでる。
よん

⑤ ゴリラが □頭 あそんでる。
ご／とう

⑥ 自どう車 □台 はっ車した。
じ／しゃ／ろく／だい

⑦ なっとう □つぶ こぼしたよ。
なな

⑧ はちまき □本 足りないよ。
はち／た

⑨ おかしを □つ くばります。
ここの

⑩ ハンカチ □まい たたみます。
じゅう

名まえ

月　日

① つぎの ——の かん字の 読みがなを （ ）に 書きましょう。

① 上手に ふえを ふく。（ ）
② 川の 上手（ ）
③ 下手な 字だ。（ ）
④ ぶたいの 下手（ ）
⑤ 元気（ ）
⑥ 元日（ ）
⑦ 火の 元（ ）
⑧ 晴れ後くもり（ ）
⑨ 前後左右（ ）
⑩ 後半（ ）
⑪ 後ろの 人（ ）
⑫ 後を おう。（ ）
⑬ 当番の 日（ ）

② つぎの □に あてはまる かん字を 書きましょう。

① □（あさ）□（ひる）□（よる）
② □（とう）□（ざい）□（なん）□（ぼく）
③ □（きょう）あす
④ □（ちち）□（はは）□（あね）□（いもうと）□（あに）□（おとうと）
⑤ □□□（しんぶんし）と ボール □（がみ）
⑥ □（う）る

③ つぎの □に あてはまる かん字を 書きましょう。

① お□（かね）が □□（じゅうえん）□（た）りない。
② □（そら）には □（ほし）が □（ひか）って いる。

楽しく がんばろう♪

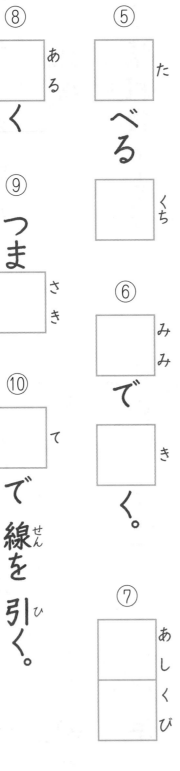

かん字 ③

名まえ ［　　　　　　］

月　日

① つぎの 教科（きょうか）の 名前（なまえ）を かん字で 書（か）きましょう。

① こくご（□□）
② しょ（□）
③ さんすう（□□）
④ せいかつ（□□）
⑤ おんがく（□□）
⑥ たいいく（□□）
⑦ ずがこうさく（□□□□）

② つぎの 学校に かんけいする かん字を 書きましょう。

① がっこう（□□） へ いく。
② べんきょう（□□）
③ きゅうしょく（□□）

③ つぎの からだに かんけいする かん字を 書きましょう。

① あたま（□）
② かみの け（□）
③ かお（□）
④ よく □える（み・め）
⑤ □べる（た）　くち（□）
⑥ みみ（□） で □く（き）。
⑦ あしくび（□□）
⑧ ある □く
⑨ つま □さき
⑩ □て で 線（せん）を 引（ひ）く。

④ つぎの ──の かん字の 読（よ）みがなを（ ）に 書きましょう。

① 数を数える。（　）（　）
② 歌を歌う。（　）（　）
③ 光が光る。（　）（　）
④ つみ上げる 上る おく上 （　）（　）（　）
⑤ 一組と組む。（　）（　）

名まえ

月　日

① つぎの □に あてはまる かん字を 書きましょう。

① [　]（おう）さまが、目[　]（だま）やきを 食（た）べる。

② [　]（むら）の 人が、大切（たいせつ）に して いる [　]（はやし）。

③ 校門（こうもん）から [　]（はい）って くる [　]（ひと）が いる。

④ 市場（いちば）で [　]（かい）を [　]（み）つけた。

② つぎの □に あてはまる かん字を 書（か）きましょう。

① [　]（な）ふだ

② [　]（だい）ふみ

③ [　]（くち）

④ [　]（いし）

⑤ [　]（あし）

⑥ 力を [　]（あ）わせる。

⑦ [　]（こ）かげで [　]（ほん）を 読（よ）む。

⑧ [　]（はや）おき

⑨ [　]（くさ）とり

⑩ [　]（にっき）

⑪ [　]（かいわ）

⑫ [　][　]（やまざと）の [　]（り）りょう を

⑬ [　]（さかな）を [　]（わ）ける。

名まえ

月　日

つぎの □ には かん字を、（　）には おくりがなを 書（か）きましょう。

① ヒヤシンスの めが 出（で）（る）。　かばんから 本を □（だ）（　）。

② 手紙（てがみ）を ポストに □（い）（　）る。　へやに 風（かぜ）が □（はい）（　）。

③ 公園（こうえん）へ あそびに □（い）（　）う。　入学しきを □（おこな）（　）。

④ 草が □（は）（　）る。　ねこの 子が □（う）（　）。

⑤ 夜（よ）が □（あ）（　）た。　外（そと）が □（あか）（　）。

⑥ 自（じ）てん車（しゃ）が □（と）（　）る。　きかいを □（と）（　）た。

⑦ 二かいから □（お）（　）る。　にもつを □（お）（　）す。

⑧ 友（とも）だちに □（はな）（　）た。　川を □（くだ）（　）た。

⑨ 文字を □（か）（　）た。

ちょっと むずかしいぞ。 できるかな!?

ことばあそび ①

早口ことばを 言って、二回ずつ 書きましょう。

・青まきがみ　赤まきがみ　黄まきがみ

・すもも　もも　もものうち

・なまむぎ　なまごめ　なまたまご

・ろうにゃくなんにょの　りょこうきゃく

・となりの　きゃくは　よく　かき　食う　きゃくだ

① しりとりに なるように、（　）に ことばを 書きましょう。

① カカオ→（　　　）→ジュース

② ゴリラ→（　　　）→コアラ

③ ココア→（　　　）→ムース

④ タイ→（　　　）→アメリカ

何の なかまか かんがえて みてね。
④は、長ぐつの 形の 国だよ！

② 上から 読んでも 下から 読んでも 同じに なる ことばや 文（回文）を 作りましょう。

〈れい〉　た けやぶ やけ た

□には 同じ 文字が 入ります。

① マ□
（ヒント…野さいです）

② □んぶん
（ヒント…紙で できています）

③ イ□
（ヒント…国の 名前です）

④ □つ□
（ヒント…鳥です）

⑤ □かとか□
（ヒント…海の 生きものが 二つ 出てきます）

⑥ □に□の□に
（ヒント…こわい どうぶつが 家に いる!?）

国語2年生 習熟プリント 答え

答え方のワンポイントアドバイスつき！

かたかな① ［P.4］

ひらがなを かたかなに 直しましょう。

① ぽすと → ポスト
② ぴあの → ピアノ
③ ここあ → ココア
④ みるく → ミルク
⑤ たおる → タオル
⑥ くいず → クイズ
⑦ どあ → ドア
⑧ ごむ → ゴム
⑨ がらす → ガラス
⑩ ないふ → ナイフ
⑪ ばけつ → バケツ
⑫ ふらんす → フランス

ていねいに 書けるかな!?

かたかな③ ［P.6］

ひらがなを かたかなに 直しましょう。

① ばっと → バット
② びすけっと → ビスケット
③ なっぷざっく → ナップザック
④ ぽけっと → ポケット
⑤ かすたねっと → カスタネット
⑥ すりっぱ → スリッパ
⑦ ろけっと → ロケット
⑧ とらっく → トラック
⑨ よっと → ヨット
⑩ ぱれっと → パレット

小さい「っ」に 気をつけてね!

かたかな② ［P.5］

ひらがなを かたかなに 直しましょう。

① けえき → ケーキ
② くりいむ → クリーム
③ すぴいど → スピード
④ すとおぶ → ストーブ
⑤ すかあと → スカート
⑥ くうらあ → クーラー
⑦ はんばあぐ → ハンバーグ
⑧ はあもにか → ハーモニカ
⑨ があどれえる → ガードレール
⑩ しいる → シール

のばす音に ちゅういして、ファイト!

かたかな④ ［P.7］

ひらがなを かたかなに 直しましょう。

① ぺんぎん → ペンギン
② わんわん → ワンワン
③ おらんだ → オランダ
④ らんどせる → ランドセル
⑤ ばいおりん → バイオリン
⑥ えんじぇる → エンジェル
⑦ きゃらめる → キャラメル
⑧ しょぱん → ショパン
⑨ じゃんぐる → ジャングル
⑩ きゃんきゃん → キャンキャン

めざせ!かたかなマスター☆

かなづかい ①

月 日
名まえ

① つぎの 文で 正しい 方を ○で かこみましょう。

① わ は、本を 読んで います。
わたし
は

② を お ばあさんを むかえに、バスの てい りゅうじょ へ え 行きました。

② つぎの ことばで 正しい 方を ○で かこみましょう。

① おとおと
おとうと

④ とおげ
とうげ

⑦ おおきい
おうきい

⑩ 九つより とう とお の 方が 数が おうい おおい よ。

② おとうさん
おとおさん

⑤ おおかみ
おうかみ

⑧ こうろぎ
こおろぎ

③ とうい
とおい みち

⑥ こうり
こおり の 山

⑨ 車が とう とお る。

ガンバレ
ガンバレ♪

かたかな ⑤

月 日
名まえ

● ひょうを 見て かたかなに 直しましょう。

ア イ ウ エ オ	あ い う え お
カ キ ク ケ コ	か き く け こ
サ シ ス セ ソ	さ し す せ そ
タ チ ツ テ ト	た ち つ て と
ナ ニ ヌ ネ ノ	な に ぬ ね の
ハ ヒ フ ヘ ホ	は ひ ふ へ ほ
マ ミ ム メ モ	ま み む め も
ヤ　ユ　ヨ	や　ゆ　よ
ラ リ ル レ ロ	ら り る れ ろ
ワ ヲ ン	わ を ん

| キャ キュ キョ きゃ きゅ きょ |
| シャ シュ ショ しゃ しゅ しょ |
| チャ チュ チョ ちゃ ちゅ ちょ |
| ニャ ニュ ニョ にゃ にゅ にょ |
| ヒャ ヒュ ヒョ ひゃ ひゅ ひょ |
| ミャ ミュ ミョ みゃ みゅ みょ |
| リャ リュ リョ りゃ りゅ りょ |

| ギャ ギュ ギョ ぎゃ ぎゅ ぎょ |
| ジャ ジュ ジョ じゃ じゅ じょ |
| ビャ ビュ ビョ びゃ びゅ びょ |
| ピャ ピュ ピョ ぴゃ ぴゅ ぴょ |

かなづかい ②

月 日
名まえ

● □に あてはまる 字を ……… から えらんで 書きましょう。（何回も つかう 字も あります。）

① わたしは、女の子です。

② びょう気を、なおしました。

③ ぼくは、お母さんの お手つだいで、にもつ もちを しました。

④ お花やさんは、花を 売ります。

⑤ わたしは、おじいさんに「お元気でね。」と、あいさつを しました。

⑥ おねえさんは、おつかいで、えきまえの しょうてんがいへ 行きました。

は お を え へ

その
ちょうし♪

かたかな ⑥

月 日
名まえ

● つぎのような ことばは かたかなで 書きます。

① 外国の 国や 土地の 名前

② 外国の 人の 名前 —— アンデルセン シューベルト

③ 外国から 来た ことば —— パン ピアノ

④ ものの 音 —— パチパチ ガチャン

⑤ どうぶつの 鳴き声 —— ニャーゴ コケコッコー

● □に あてはまる ことばを ……… から えらび、かたかなで 書きましょう。

① 外国の 国や 土地の 名前

メキシコ ロシア
エジソン ピカソ
キャラメル
ドスン
ワンワン

② 外国の 人の 名前

③ 外国から 来た ことば

④ ものの 音

⑤ どうぶつの 鳴き声

めきしこ きゃらめる えじそん
どすん ろしあ ぴかそ
わんわん

91

かなづかい③

□に あてはまる ことばを ⋯⋯ から えらんで 書きましょう。

① 友だちが あそびに 来た。
② きゅう食を 食べる。
③ 学校へ 行く。
④ ノートに 書く。
⑤ 公園で あそぶ。
⑥ 妹と 手を つなぐ。
⑦ ぼくは、二年生です。
⑧ これは ぼくの ランドセルです。
⑨ おつかいから 帰った。
⑩ お寺まで 走ろう。

から へ を まで と に が は の で

ファイト だっ！

組み合わせた ことば

① つぎの ことばを 合わせて 合わせことばを 作りましょう。

① 村 ＋ まつり → 村まつり
② いも ＋ はたけ → いもばたけ
③ かた ＋ くるま → かたぐるま
④ たすける＋ あう → たすけあう（たすけあい）
⑤ おる ＋ まげる → おりまげる（おりまげ）

② つぎの 合わせことばを もとの ことばに 分けましょう。

① ごみばこ → ごみ ＋ はこ
② 近道 → 近い ＋ 道
③ あらいながす → あらう ＋ ながす
④ つみかさねる → つむ ＋ かさねる
⑤ わらいころげる → わらう ＋ ころげる

じ・ぢの つかい方

つぎの □ じ ぢ て 正しい 方を ○で かこみましょう。

① ___ しんを もつ。
② ___ かんが たつ。
③ はな ___ が 出た。
④ め ___ りが 下がる。
⑤ かん ___ を 書く。
⑥ ___ しゃく
⑦ はな ___ ょうちん
⑧ ち ___ む
⑨ ___ めん
⑩ わる ___
⑪ す ___
⑫ み ___ かな 人
⑬ ゆのみ ___ ゃわん
⑭ のど ___ まんに 出た。

「ゆのみちゃわん」と いう ことばは、
ゆのみ＋ちゃわんの 二つの ことばを
合わせた 合わせことばです。
「ちぢむ」は 「ち」が かさなるので 二音目が
「ぢ」に なります。

ず・づの つかい方

つぎの □ ず づ て 正しい 方を ○で かこみましょう。

① みか ___ き
② かな ___ ち
③ ___ こうさく
④ う ___ もう
⑤ つ ___ き
⑥ こ ___ つみ
⑦ いのち ___ な
⑧ あか ___ きん
⑨ ___ つう
⑩ にん ___ う
⑪ だい ___
⑫ せんば ___ る

「せんばづる」と いう ことばは、
せんば＋つるの 二つの ことばを
合わせた 合わせことばです。
「つづき」は 「つ」が かさなるので 二音目が
「づ」に なります。

はんたいの いみの ことば ①

つぎの ことばと はんたいの いみの ことばを □から えらんで 書きましょう。

① よい （わるい）
② あつい （さむい）
③ たかい （ひくい）
④ ながい （みじかい）
⑤ あかるい （くらい）
⑥ かたい （やわらかい）
⑦ うれしい （かなしい）
⑧ つよい （よわい）
⑨ あさい （ふかい）
⑩ つめたい （あたたかい）
⑪ あまい （からい）
⑫ うつくしい （みにくい）
⑬ はやい （おそい）
⑭ とおい （ちかい）
⑮ おおい （すくない）
⑯ おいしい （まずい）
⑰ あたらしい （ふるい）
⑱ おもい （かるい）

□
ふるい　かなしい　あたたかい
おそい　わるい　かるい
すくない　みにくい　ひくい
よわい　ふかい　ふかい
まずい　ちかい　やわらかい
さむい　　　　　みじかい
よわい　ふかい
ふかい　やわらかい
みじかい

同じ いみに にた いみの ことば ①

① 上の ことばと にた いみの ことばを 下から えらび、線で むすびましょう。

見る
話す
わらう
食べる
おこる

いかる
しゃべる
ながめる
くう
ほほえむ

② 上の ことばと 同じ いみの ことばを 下から えらび 線で むすびましょう。

ビルディング
カメラ
カーペット
マーク
ノート
ブック
スポーツ

本
じゅうたん
たてもの
うんどう
しゃしんき
ちょうめん
しるし

ベリーグッド!! よくできました

はんたいの いみの ことば ②

つぎの ことばと はんたいの いみの ことばを 書きましょう。

① のびる ― ちぢむ
② おす ― 引く
③ 生きる ― しぬ
④ 当たる ― 外れる
⑤ あける（ドアを） ― しめる
⑥ ふえる ― へる
⑦ 売る ― 買う
⑧ ぬれる ― かわく
⑨ おきる ― ねる
⑩ ふくらむ ― しぼむ
⑪ のる（バスに） ― おりる
⑫ すてる ― ひろう
⑬ かつ ― まける
⑭ うく ― しずむ
⑮ 帰る ― 行く
⑯ 上がる ― 下がる
⑰ はじまる ― おわる
⑱ なく ― わらう

同じ いみの ことば ②

① つぎの ことばの べつの 言い方を 二つ 書きましょう。

父　〈れい〉お父さん・父上 など
母　〈れい〉お母さん・母ちゃん・母上 など
兄　〈れい〉お兄さん・兄ちゃん・兄上 など
姉　〈れい〉お姉さん・姉ちゃん・姉上 など

② つぎの ことばの べつの 言い方を 知って いるだけ 書きましょう。

自分　〈れい〉わたし・ぼく・おれ・わたくし・わがはい など
あなた　〈れい〉きみ・あんた・お前 など

③ つぎの ことばと 同じか、よく にた いみの ことばを □から えらび 記ごうで 書きましょう。

① しゃがむ　イ
② もらう　ア
③ ねがう　エ
④ うしなう　オ
⑤ なげく　カ
⑥ あゆむ　ウ

ア いただく　イ すわりこむ　ウ あるく
エ のぞむ　オ なくす　カ かなしむ

〔P.20〕

組になる かん字

つぎの かん字と 組に なる かん字を 書きましょう。

① 大 — 小
② 右 — 左
③ 多 — 少
④ 出 — 入
⑤ 前 — 後
⑥ 上 — 下
⑦ 兄 — 弟
⑧ 父 — 母
⑨ 北 — 南
⑩ 春 — 秋
⑪ 夏 — 冬
⑫ 晴 — 雨
⑬ 外 — 内
⑭ 手 — 足
⑮ 姉 — 妹
⑯ 親 — 子
⑰ 遠 — 近
⑱ 男 — 女
⑲ 天 — 地
⑳ 強 — 弱
㉑ 町 — 村
㉒ 東 — 西
㉓ 海 — 山 — 川
㉔ 年 — 月 — 日
㉕ 朝 — 昼 — 夜

> おととい きのう 今日 明日 あさって などの、組に なる ことばです。

〔P.21〕

音の 同じ ことば

つぎの □の ことばと 同じ いみで つかわれて いる 方に ○を つけましょう。

① かわで およぐ。
　ア（　）ミカンの かわを むく。
　イ（○）かわで せんたくを する。

② ふじの 山
　ア（　）ふじの やまいに かかる。
　イ（○）日本一の ふじを ながめた。
　ウ（　）ふじの 花が さいた。

③ 夏は あつい。
　ア（　）ぶあつい 本。
　イ（　）あついので やけど した。
　ウ（○）あついので あせが 出た。

④ 家が たつ。
　ア（　）人が たつ。
　イ（　）はらが たつ。
　ウ（○）ビルが たつ。

⑤ きょうは はれた。
　ア（○）はれた 青空。
　イ（　）きずロが はれた。

〔P.22〕

数える ことば①

（　）に あてはまる ことばを 書きましょう。

① 石を 一つ二（つ）と 数えた。
② 二（わ）の はとが えさを 食べて いる。
③ 本を 四（さつ）読んだ。
④ 子犬が 五（ひき）うまれた。
⑤ 子どもが 六（人）あそんで いる。
⑥ わたしの 家は マンションの 七（かい）です。
⑦ 画用紙を 八（まい）ください。
⑧ なわとびを 九（回）とんだ。
⑨ テストは おしくも 九十（点）だった。
⑩ ぼくの 体じゅうは 二十（キロ）グラムです。
⑪ 家が 五（けん）ならんで たって いる。
⑫ 自どう車が 三（台）とまって いる。
⑬ ふく引きで 一（とう）しょうを あてた 人。

〔P.23〕

数える ことば②

① つぎの ものを 数える ときは どんな ことばで 数えますか。（　）に 書きましょう。

① 自どう車 —（台）
② ノート —（さつ）
③ くつ下 —（足）
④ えんぴつ —（本）
⑤ お金 —（円）
⑥ ふく —（ちゃく）（まい）
⑦ ハンカチ —（まい）
⑧ 年れい —（さい）
⑨ 時間 —（びょう）（分）（時間）
⑩ おんど —（ど）

② つぎの 数字を かん字で 書きましょう。

1 —（一）
2 —（二）
3 —（三）
4 —（四）
5 —（五）
6 —（六）
7 —（七）
8 —（八）
9 —（九）
10 —（十）
100 —（百）
1000 —（千）
10000 —（一万）

一 二 三 四 五 六 七 八 九 十 百 千 一万

〔P.24〕 なかまの ことば

① ──の ことばを 春、夏、秋、冬に 分けましょう。

さくら・タンポポ・モンシロチョウ
赤とんぼ・コスモス・もみじ
すいか・かぶと虫・プール
雪だるま・マフラー・こたつ

春 [　　] すいか・かぶと虫・プール
夏 [　　] プール
秋 [　　] 赤とんぼ・コスモス・もみじ
冬 [　　] 雪だるま・マフラー・こたつ

② つぎの ことばは、何の なかまか 書きましょう。

タンポポ　かぶと虫　もみじ　こたつ　プール　モンシロチョウ
赤とんぼ　雪だるま　さくら　すいか　コスモス　マフラー

〈れい〉 天気 のなかま（晴れ・くもり・雨・雪）

① 色 のなかま（ピンク・黄・青・白）
② のりもの のなかま（でん車・ひこうき・車・ふね）
③ どうぶつ のなかま（くま・キリン・しまうま・ぞう）
④ 花 のなかま（あさがお・きく・チューリップ・バラ）

〔P.26〕 ていねいな 言い方 ②

① つぎの ていねいな 言い方の 文を、ふつうの 言い方に して 書きましょう。

① 鳥が 鳴きます。→ 鳥が 鳴く。
② 犬が ほえます。→ 犬が ほえる。
③ 本を 読みます。→ 本を 読む。
④ たこの 足は 八本 あります。→ たこの 足は 八本 ある。
⑤ 学校は 毎日 楽しいです。→ 学校は 毎日 楽しい。
⑥ りょうりを 作りました。→ りょうりを 作った。
⑦ ぼくは けんばんハーモニカを ふきました。→ ぼくは けんばんハーモニカを ふいた。

〔P.25〕 ていねいな 言い方 ①

「かびんに はなが いけて ある。」
を ていねいな 言い方に なおすと、
「かびんに はなが いけて あります。」
となります。

① つぎの 文を ていねいな 言い方に して 書きましょう。

① お母さんが 買いものに 行く。→ お母さんが 買いものに 行きます。
② わたしは ピアノを ひく。→ わたしは ピアノを ひきます。
③ お姉さんが あみものを する。→ お姉さんが あみものを します。
④ 弟が 絵を かいて いる。→ 弟が 絵を かいて います。
⑤ 妹が 本を 読んで いる。→ 妹が 本を 読んで います。
⑥ お父さんが 新聞を 読んだ。→ お父さんが 新聞を 読みました。
⑦ テレビを けした。→ テレビを けしました。

〔P.27〕 うごきを あらわす ことば ①

① つぎの 文の □ の 中に うごきを あらわす ことばを 下から えらんで 書きましょう。

① 友だちと あそぶ 。
② いすに すわる 。
③ 花が そよ風に ゆれる 。
④ ガイドさんが バスに のる 。
⑤ 船が うかぶ 。

（あそぶ　ゆれる　のる　うかぶ　すわる）

かもめが とぶ 。
魚が およぐ 。
母が わらう 。

② うごきを あらわす ことばを 五つ えらんで ○を つけましょう。

① （　）アイロン　　② （○）ねる
③ （　）大きい　　　④ （　）のんきな
⑤ （○）おこる　　　⑥ （○）すすむ
⑦ （　）黒い　　　　⑧ （　）やさしい
⑨ （○）食べる　　　⑩ （○）走る

うごきを あらわす ことば ②

名まえ

月 日

① 文に あうように、うごきを あらわす ことばを かえましょう。

〈れい〉 石が あたる。 → 石を あてる。

① 本が おちる。 → 本を [おとす]。

② 人が あつまる。 → 人を [あつめる]。

③ 火が きえる。 → 火を [けす]。

④ はりがねが まがる。 → はりがねを [まげる]。

② 文に あうように、うごきを あらわす ことばを かえましょう。

① 家を たてる。 → 家が [たつ]。

② 水を ながす。 → 水が [ながれる]。

③ こおりを とかす。 → こおりが [とける]。

④ ガラスを わる。 → ガラスが [われる]。

⑤ 紙を もやす。 → 紙が [もえる]。

ファイト!

ようすを あらわす ことば ①

名まえ

月 日

① □に あてはまる ことばを ……から えらんで 書きましょう。

① 夏は [あつい]。

② 冬は [さむい] 日が つづく。

③ この カステラは [やわらかい]。

④ ゆめが かなって [うれしい]。

⑤ せんぷうきを つけると [すずしい]。

⑥ 手ぶくろを つけると [あたたかい]。

⑦ 人通りの [少ない] 道は こわい。

⑧ ふじの 山は 日本で 一番 [高い]。

⑨ ひとりぼっちは [さびしい]。

⑩ 玉入れは 数の [多い] 方が かちだ。

やわらかい うれしい 少ない 多い すずしい さむい さびしい あたたかい 高い あつい

電気を つけると 明るい とか 明るい くらい けすと くらい は ようすを あらわします。

ようすを あらわす ことば ②

名まえ

月 日

① □に あてはまる ことばを ……から えらんで 書きましょう。

① だんだん くらく なって いく。

② かげが ゆらゆら ゆれて いる。

③ 心ぱいで はらはら しどおしだ。

④ ごしごし あらって、きれいに なった。

⑤ 雨が しとしと と ふって いる。

⑥ 子どもは すくすく と そだった。

⑦ 毎日 ぶらぶら して いては もったいない。

⑧ 犬が 顔を ぺろぺろ と なめた。

⑨ うでを ぐるぐる と 回した。

⑩ どしどし いけんを 言いましょう。

はらはら しとしと ぺろぺろ だんだん ごしごし すくすく ゆらゆら ぶらぶら どしどし ぐるぐる

ふうせんが ふわふわ とんで いく。 ふわふわ は とんでいく ようすを あらわします。

「 」の つかい方

名まえ

月 日

① つぎの 文しょうから、話しことばを 見つけて 「 」を つけましょう。

学校に つくと、けい子さんが、
「おはよう。」
と、言いました。
わたしも
「おはよう。」
と、言いました。
そこへ 先生が 通りかかって、
「さゆりさんも けい子さんも 早いね。」
と、わらいながら おっしゃいました。
わたしは、あわてて
「おはようございます。」
と、言いました。
すると、先生も、
「おはよう。」
と、おっしゃいました。

文しょうの 中の 話しことばには 「 」(かぎかっこ)を つけます。

ことばの いみ ①

名まえ　月　日

つぎの ——の ことばの いみに あう ものに ○を つけましょう。

① 大男が 大きな岩を どけようと、ふんばって います。
　ア（○）足に 力を 入れて
　イ（　）つかれて
　ウ（　）しぼんで

② つたえたい ことが あい手に きちんと つたわるように 言おう。
　ア（　）いたわる
　イ（○）とどく
　ウ（　）よこたわる

③ まずしい みなりの ろう人が いました。
　ア（　）せいかく
　イ（　）みぶり
　ウ（○）ふくそう

④ 「あの馬の のり手は だれですか。」
　ア（　）のりの ついた 手
　イ（○）のって いる 人
　ウ（　）のりと 手

⑤ じっさいに おもちゃを 作って みましょう。
　ア（　）ためしに
　イ（○）本当に
　ウ（　）このさい

ことばの いみ ②

名まえ　月　日

つぎの ——の ことばの いみに あう ものに ○を つけましょう。

① つまらなそうな 顔を して 言いました。
　ア（　）楽しそうな
　イ（　）かなしそうな
　ウ（○）おもしろく なさそうな

② れいだいを といてから れんしゅうもんだいも とこう。
　ア（　）ふみだい
　イ（　）しゅくだい
　ウ（○）見本に なる もんだい

③ かいぶつは したなめずりを して じろりじろり 見下ろした。
　ア（○）したで くちびるを なめて
　イ（　）したの ほうに 目を やって
　ウ（　）したを めずらしそうに

④ 男は しぶしぶ ぼうしを ぬいで、名前の ところを 見せました。
　ア（　）しぶくて こまって
　イ（○）いやいや
　ウ（　）どうでも よさそうに

⑤ 下あごの するどい 先の とがった かじって います。
　ア（○）先の とがった
　イ（　）まるい
　ウ（　）すごい

ことばの いみ ③

名まえ　月　日

つぎの ことばを つかって みじかい文（たん文）を 作りましょう。
〈れい〉きみの アイデアに ぼくのも つけくわえよう。

① つけくわえる
　〈れい〉先生は、遠足の ちゅういを 一つ つけくわえた。

② つらぬく
　〈れい〉わたしは、自分の かんがえを さいごまで つらぬいた。

③ たちまち
　〈れい〉お店の ケーキは、たちまち 売り切れた。

④ 大にぎわい
　〈れい〉しょうてんがいは、いつも 大にぎわいだ。

⑤ せき止める
　〈れい〉大きな岩が、川の水を せき止めました。

文の 切れ目 ①

名まえ　月　日

お父さんは／毎日／かばんを／もって／しごとに／行きます。

右の 文は、六つの ぶ分から できて います。「ね」を 入れて、読んで みて おかしく ない ところで 分けて みましょう。
「お父さんはね、毎日ね、かばんをね、もってね、しごとにね、行きます。」
このように 文は いくつかの ぶ分から できて います。

つぎの 文を くぎると いくつに 分けられますか。□に 数を 書きましょう。

① お母さんは、／朝せんたくを します。　[4]
② ハイジは、／お昼ねを しました。　[3]
③ チロは草の 間に かわいい 赤い 花を 見つけました。　[7]
④ 朝になると、／小鳥たちは たくさん あつまって きます。　[6]
⑤ 口ぶえを ふくと、／ぼうしを かぶった たかしさんが あらわれました。　[6]

［P.36］ 文の 切れ目 ②

名まえ　月　日

① つぎの ［　］の ことばを ならびかえて 一つの 文に しましょう。

〈れい〉 バスは おきゃくさんを のせて 走ります。
のせて おきゃくさんを バスは 走ります。

② 二月に なると、うすピンク色の うめの 花が さきます。
うめの なると、二月に うすピンク色の 花が さきます。

③ 〈れい〉 ケンが 心を こめて せわを した 子犬は すくすくと そだちました。
心を せわを ケンが そだちました。子犬は すくすくと こめて した

④ 〈れい〉 一つの 花のように 見えるのは、小さな 花の あつまりなのです。
小さな あつまりなのです。一つの 花の 見えるのは、花のように

［P.37］ 文の 形 ①

名まえ　月　日

文には つぎのような 形が あります。
ア　わたしは 学校へ 行きます。（ふつうの文）
イ　あなたは 学校へ 行きますか。（人にたずねる文）
ウ　あなたは 学校へ 行きなさい。（めいれいする文）
　　わたしと いっしょに 学校へ 行きましょう。──（はたらきかける文）
エ　わたしは 学校へ 行きません。（うちけす文）
　　わたしは 学校へ 行きましょう。（さそう文）
オ　わあーい ぼくが 一番のりだ。（かんどうをあらわす文）

① つぎの 文は どんな 形の 文ですか。右の ア〜オから えらび、［　］に 記ごうを 書きましょう。

① この 本は むずかしそうなので 読みません。
② お母さんは 買いものに 行きました。
③ きみ、年は いくつなの。
④ さっさと おきなさい。
⑤ おお、これこそ わたしの さがして いた ものだ。

オ　ウ　イ　ア　エ

おお、すばらしい！

［P.38］ 文の 形 ②

名まえ　月　日

① つぎの 文を 人に たずねる文に して 書きましょう。
① さゆりさんは 九時に ねました。
　さゆりさんは 九時に ねましたか。
② 風が ふいて います。
　風が ふいて いますか。

② つぎの 人に たずねる文を ふつうの 文に して 書きましょう。
① 家から スーパーまでは 遠いですか。
　家から スーパーまでは 遠いです。
② お父さんは、いつも 家で 夕食を 食べますか。
　お父さんは、いつも 家で 夕食を 食べます。

③ つぎの 文を めいれいする文に して 書きましょう。
　しゅくだいを します。
　しゅくだいを しなさい。

［P.39］ 文の 形 ③

名まえ　月　日

① つぎの めいれいする文を ふつうの文に して 書きましょう。
① へやを あたたかく しなさい。
　へやを あたたかく します。
② 早く おきなさい。
　早く おきます。

② つぎの 文を さそう文に して 書きましょう。
① てつぼうの れんしゅうを します。
　てつぼうの れんしゅうを しましょう。
② 夏休みに 海へ 行きます。
　夏休みに 海へ 行きましょう。

③ つぎの さそう文を ふつうの文に して 書きましょう。
　みんなで あそびに 行きましょう。
　みんなで あそびに 行きます。

文の形④

〈れい〉
お母さんは ピアノを ひく。
→
お母さんは ピアノを ひかない。

ふつうの文 → うちけす文

① つぎの 文を うちけす文に して 書きましょう。

① 風が ふく。
風が ふかない。

② 妹は 公園で あそぶ。
妹は 公園で あそばない。

② つぎの うちけす文を ふつうの文に して 書きましょう。

① ぼくは、バスていへ 行きません。
ぼくは、バスていへ 行きます。

② 妹は 手紙を 読みません。
妹は 手紙を 読みます。

③ ぼくは ぼうしを かぶらない。
ぼくは ぼうしを かぶる。

しゅご・じゅつご②

【じゅつご】

文の 中で、
「どうする」「どんなだ」「何だ」に あたる ことばを じゅつごと いいます。

すずめが 電線に とまっている。（どうする）
ポストは 赤い。（どんなだ）
りんごは くだものだ。（何だ）

● つぎの 文の じゅつごに 線を 引きましょう。

① 犬が ほえた。
② 兄さんは 大学生です。
③ 冬の びわこも うつくしい。
④ にわとりが たまごを うんだ。
⑤ ぼくの 弟は 計算が はやい。

がんばるキミは かっこいいぞ!

しゅご・じゅつご①

【しゅご】

文の 中で、
「だれが」「何が」に あたる ことばを しゅごと いいます。

子どもが べんきょうする。（だれが）
シクラメンが さいた。（何が）
おじいさんは やさしい。（だれが）
たこは 生きものです。（何は）

だれが・だれは・に
何が・何は・に

● つぎの 文の しゅごに 線を 引きましょう。

① おすもうさんは 強い。
② 姉さんは バスガイドです。
③ 子どもたちが ボールで あそんで いる。
④ 自てん車が 遠くまで 走って いく。
⑤ 海の 上を カモメが すいすい とんで いる。

ファイト!

しゅご・じゅつご③

① つぎの □に あてはまる しゅごを から えらんで 書きましょう。

① ［ももたろうが］ おにたいじに 行きました。
② なのはなばたけで ［モンシロチョウが］ とんで います。
③ 春に なると ［花が］ たくさん さきます。
④ 竹の 中には ［小さな 女の子が］ いました。

小さな 女の子が 花が ももたろうが モンシロチョウが

② つぎの □に あてはまる じゅつごを から えらんで 書きましょう。

① 遠足に 行くのは ［楽しみだ］。
② ぞうが のっしのっしと ［歩く］。
③ きゅう食は ［おいしい］。
④ 野原で 牛が 草を ［食べる］。
⑤ 雨が ぽつぽつと ［ふってきた］。

おいしい 楽しみだ ふってきた 歩く 食べる

その ちょうし!

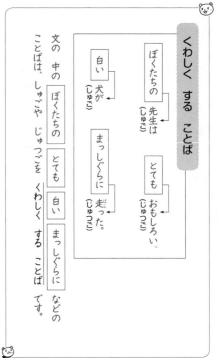

くわしく する ことば　〔P.44〕

〈名まえ〉

くわしく する ことば

ぼくたちの 先生（しゅご）
白い 犬（しゅご）
まっしぐらに 走った（じゅつご）
とても おもしろい（じゅつご）

文の 中の ___ の ことばは、しゅごや じゅつごを くわしく する ことば です。

① つぎの ___ の ことばを くわしく する ことばに 線を 引きましょう。

① 小さな 女の子が 歩いて くる。

② すずしい 風が そよそよと ふいて きた。

③ きょう ショートケーキが あっという間に 売り切れた。

④ まっ白な とうふは とても おいしい。

くわしい 文　〔P.45〕

〈名まえ〉

くわしい 文には、（ ）のような ことばが あります。

（いつ）きのう・体いくかんで・ある日・あなたの中で
（どこで）友だちが・うさぎが
（何が）さかだちを・目を
（何を）見せてくれた・さました

① つぎの ___ を 引いた ことばは、ーいつ、2どこで、3何を の どれですか。（ ）に 番ごうを 書きましょう。

① こいのぼりが 空で およいで いる。（2）

② 朝 ぼくは 新聞を とって くる。（1）（3）

③ 金魚が 水そうで あばれだした。（2）

④ 夕方 すいはんきで ごはんを たきなさい。（1）

⑤ パトカーが 夜中に サイレンを ならして 走って いった。（1）（3）

すぎさった形の文　〔P.46〕

〈名まえ〉

〈れい〉　りすが 走る。（ふつうの文）　→　りすが 走った。（すぎさった形の文）

① つぎの すぎさった形の文を ふつうの文に して 書きましょう。

① サンタクロースが プレゼントを くばった。
　サンタクロースが プレゼントを くばる。

② ぼくは、お手つだいを した。
　ぼくは、お手つだいを する。

② つぎの ふつうの文を すぎさった形の文に して 書きましょう。

① かもめが ゆっくりと とんで いく。
　かもめが ゆっくりと とんで いった。

② トムは、年を とった おじいさんと ふたりで くらして います。
　トムは、年を とった おじいさんと ふたりで くらして いました。

こそあどことば①　〔P.47〕

〈名まえ〉

【これ】話し手に 近い もの を さす。
【それ】聞き手に 近い もの を さす。
【あれ】話し手・聞き手の どちらにも 遠い もの を さす。
【どれ】話し手に わからない ものを さす。

① つぎの ___ に あてはまる ことばを 上から えらんで 書きましょう。

① ねこを だいて 言いました。「これ は わたしの ねこです。」

② あなたの 前に ある、それ は 何ですか。

③ 遠くに 見える あれ が わたしの 通う 学校です。

④ この 中の どれ が きみの ものか わかりません。

⑤ おおかみが むこうから 近づいて きました。ひつじは、それ を 見て いた ひつじは、びっくり しました。

こそあどことば②

| 話し手に近いばしょをさす。「ここ」 | 聞き手に近いばしょをさす。「そこ」 | 話し手・聞き手のどちらからも遠いばしょをさす。「あそこ」 | 話し手・聞き手にわからないばしょをさす。「どこ」 |

名まえ

月 日

つぎの □ に あてはまる ことばを 上から えらんで 書きましょう。

① やっと、げんかんに たどりつきました。
ここ が、山田くんの うちです。

② きみは どこ から 来たのですか。

③ まいごの 子ねこは どこ に 行ってしまったのだろう。

④ 山の 上を 見て ください。あそこ に たっている お寺に 行きたいのです。

⑤ あなたが 今 つかって いる つくえの 上、そこ に はさみが ありますよ。

つなぎことば①

名まえ

月 日

つぎの □ にあてはまる ことばを □ から えらんで 書きましょう。

① 今夜は 星が きれいです。
だから 明日は、きっと よい 天気でしょう。

② くつやへ 行った。
それから パンやへも 行った。

③ 山へ 行こうか。
それとも 海へ 行こうか。

④ ねむい。
でも がんばって おきて いよう。

⑤ 早めに 学校へ 行った。
すると むこうから けい子さんが やって きた。

すると　でも　だから　それから　それとも

ファイト！

つなぎことば②

名まえ

月 日

つぎの 文の つなぎことばで 正しい 方を ○で かこみましょう。

① 明日は 晴れでしょうか。
〔そこで／それとも〕 くもりでしょうか。

② 大声で 人を よびました。
〔けれども／ところが〕 だれも ふりむきません。

③ 子どもは ころんで しまいました。
〔だから／けれども〕 なきませんでした。

④ おばあさんは 年よりです。
〔それで／しかし〕 なかなか 元気です。

⑤ 今、お金を ためて います。
〔さて／すると〕 どれくらい たまるでしょうか。

はなまる ゲットだ！

「だれ」が

名まえ

月 日

つぎの 文を 読んで （ ）に あう ことばを 書きましょう。

(1) けい子さんが えんぴつで 書きました。
「だれ」が えんぴつで 書きましたか。
（けい子さん）が 書きました。

(2) お母さんが、カレーを 作ります。わたしは おつかいを たのまれました。
① 「だれ」が カレーを 作りますか。
（お母さん）が 作ります。
② 「だれ」が おつかいを たのまれましたか。
（わたし）が おつかいを たのまれました。

(3) 妹が ころびました。ぼくは いそいで たすけおこしました。「けがが なくて よかったね。」と 友だちが 言いました。
① ころんだのは 「だれ」ですか。
（妹）です。
② たすけおこしたのは 「だれ」ですか。
（ぼく）です。
③ 「けがが なくて よかったね。」と 言ったのは 「だれ」ですか。
（友だち）です。

(4) 学校から 帰って、たかしさんは ひろとさんを あそびに さそいました。そこへ だいちさんが 通りかかったので さそって 三人で あそびました。
あそんだ 三人は 「だれ」と 「だれ」と 「だれ」ですか。
（たかしさん）と（ひろとさん）と（だいちさん）です。

「何」が

つぎの 文を 読んで （ ）に あう ことばを 書きましょう。

(1) 花が さいて います。つぼみも ふくらんで きて います。
① 「何」が さいて いますか。
（ 花 ）が さいて います。
② 「何」が ふくらんで きて いますか。
（ つぼみ ）が ふくらんで きて います。

(2) 家の 前に、自てん車が とまって いました。中に 入ると にもつが おいて ありました。
① 中に 入ると おいて あったのは 「何」ですか。
（ 自てん車 ）です。
② 中に 入ると おいて あったのは 「何」ですか。
（ にもつ ）です。

(3) ポケットから お金が ころがりおちました。風も ふいて きました。
① ポケットから ころがりおちたのは、「何」ですか。
（ お金 ）です。
② ふいて きたのは 「何」ですか。
（ 風 ）です。
③ ふって きたのは （ 雨 ）です。

(4) おいしそうな おかしが あります。よく 見ると となりに お茶も 用いされて いました。
① おいしそうなのは 「何」ですか。
（ おかし ）です。
② となりに 用いされて いたのは 何ですか。
（ お茶 ）です。

「いつ」

つぎの 文を 読んで （ ）に あう ことばを 書きましょう。

(1) あす ななさんは、遠足に 行きます。
「いつ」ななさんは、遠足に 行きますか。
（ あす ）ななさんは、遠足に 行きます。

(2) 朝 雨が ふって きました。
「いつ」雨が ふって きましたか。
（ 朝 ）、ふって きました。

(3) きのうは、くもりでした。きょうは、よい 天気に なりました。
① くもりだったのは （ きのう ）です。
② よい 天気に なったのは （ きょう ）です。

(4) ひる休みに、グラウンドで ドッジボールを した。中にわて こま回しを した。
① グラウンドで ドッジボールを したのは、（ 昼休み ）です。
② 中にわて こま回しを したのは、（ ほうかご ）です。

(5) 五才の とき、自てん車に のれるように なった。
自てん車に のれるように なったのは 「いつ」ですか。
（ 五才 のとき）。

(6) ゴールを きめた とき、ぼくは ガッツポーズを しました。
ガッツポーズを したのは、「いつ」ですか。
（ ゴールを きめた とき。）

文に「〜とき」とあるから、答え方も「〜とき。」だね。

「どうする」「どうした」

つぎの 文を 読んで （ ）に あう ことばを 書きましょう。

(1) ゆなさんは、パンを 食べました。
ゆなさんは 「どうしました」か。
ゆなさんは、パンを （ 食べました ）。

(2) りょうさんは、今から 歌を 歌います。
りょうさんは 「どうします」か。
りょうさんは、歌を （ 歌います ）。

(3) みきさんは、さいふから 百円玉を とり出しました。
みきさんは さいふから 百円玉を 「どうしました」か。
みきさんは さいふから 百円玉を （ とり出しました ）。

(4) きのう、おじいちゃんが、あそびに 来ました。ぼくは、おじいちゃんと いっしょに おふろに 入りました。そして おじいちゃんの せなかを ながしました。
① きのう、おじいちゃんが、あそびに （ 来ました ）か。
② ぼくは、おじいちゃんと いっしょに おふろに （ 入りました ）か。
③ そして、おじいちゃんの せなかを （ ながしました ）。

「どこ」で

つぎの 文を 読んで （ ）に あう ことばを 書きましょう。

(1) ぼくは、友だちと 学校で あそびました。
ぼくは、「どこ」で あそびましたか。
（ 学校 ）で あそびました。

(2) お母さんが、台どころで 夕ごはんの 用いを して いる。
お母さんは、「どこ」で 夕ごはんの 用いを して いますか。
（ 台どころ ）で 夕ごはんの 用いを して います。

(3) とても あつい 日だった。わたしは プールで およいだ。
わたしが およいだ ところは （ プール ）です。

(4) 朝ごはんの 前に、ポチを つれて 海へ さんぽに 行った。
朝ごはんの 前に、ポチを つれて さんぽに 行ったのは「どこ」ですか。
（ 海 ）です。

(5) かくれんぼを しました。みちるさんは、草はらに かくれました。ゆみさんは、木の かげに かくれました。ゆたかさんは、木の 上に かくれました。はるとさんは、ゆうぐに かくれました。あやさんは、つき山の トンネルに かくれました。
かくれんぼで 五人が かくれたのは「どこ」ですか。
みちるさん……（ 草はら ）
ゆみさん……（ 木のかげ ）
ゆたかさん……（ 木の上 ）
はるとさん……（ ゆうぐ ）
あやさん……（ つき山の トンネル ）

［P.56］ 「何」を

つぎの 文を 読んで（　）に あう ことばを 書きましょう。

(1) はるなさんが、りんごの かわを むきました。
　はるなさんは「何」を むきましたか。
　（りんごの かわ）を むきました。

(2) あきらさんが、だんごむしを 見つけました。さわると からだを まるめました。
　① あきらさんは「何」を 見つけましたか。
　　（だんごむし）を 見つけました。
　② さわると「何」を まるめましたか。
　　（からだ）を まるめました。

(3) とても さむい 日です。ようこさんは 手ぶくろと マフラーを して うちを 出ました。
　ようこさんは「何」と「何」を して うちを 出ましたか。
　（手ぶくろ）と（マフラー）を して うちを 出ました。

(4) ぼくは、おつかいに 行った。やおやで ほうれん草と 白さい を 買って、とうふやで とうふと あつあげを 買った。
　① やおやで「何」と「何」を 買いましたか。
　　（ほうれん草）と（白さい）を 買った。
　② とうふやで「何」と「何」を 買いましたか。
　　（とうふ）と（あつあげ）を 買った。

［P.57］ 「〜から。」「〜こと。」

① つぎの 文を 読んで もんだいに 答えましょう。

「なぜですか。」「どうして〜ですか。」など、りゆうを たずねられた ときは、「〜から。」と 答えます。（何ような 答え方で「〜ため。」も あります。）

(1) のどが かわいたから、ぼくは ジュースを のみました。
　「なぜ」ジュースを のんだのですか。
　（のどが かわいた）から。

(2) わたしは かんごしに なりたいです。なぜなら、人の いのちを すくいたい からです。
　「なぜ」かんごしに なりたいのですか。
　（人の いのちを すくいたい）から。

りゆうを 聞かれて いるから、「〜から。」と 答えるよ。

② つぎの 文を 読んで もんだいに 答えましょう。

「どんな ことですか。」「〜ことは 何ですか。」などのように、ことがらを たずねられた ときは、「〜こと。」と 答えます。

(1) さとしさんは、犬に エサを やる ことを まかされて います。
　さとしさんが まかされて いる ことは 何ですか。
　（犬に エサを やる）こと。

(2) 友だちと 毎日 会える ことは、しあわせな ことだと 思います。
　友だちと 毎日 会える ことは どんな ことですか。
　（友だちと 毎日 会える）こと。

ことがらを 聞かれて いるから、「〜こと。」と 答えるよ。

［P.58］ 「どんな」ようす・きもち

つぎの 詩を 読んで もんだいに 答えましょう。

大きな古時計

大きな のっぽの 古時計
おじいさんの 時計
百年 いつも うごいていた
ごじまんの 時計さ
おじいさんの 生まれた
朝に 買ってきた 時計さ
今は もう うごかない
その 時計
百年 休まずに
チクタク チクタク
おじいさんと いっしょに
チクタク チクタク
今は もう うごかない
その 時計
チクタク チクタク

ウォーク・ヘンリー・クレイ 作詞・作曲
保富康午 訳詞

① おじいさんの 時計は、「どんな」古時計ですか。
　（大き）な（のっぽ）の 古時計
② 百年 いつも うごいて いた「どんな」時計ですか。
　（ごじまん）の 時計
③ 今は もう「どんな」その 時計ですか。
　今は もう（うごかない）その 時計
④ 時計は「どんな」音が しましたか。
　（チクタク チクタク）

［P.59］ だれ いつどこ 何 どんな

つぎの 詩を 読んで もんだいに 答えましょう。

となりの トトロ
だれかが こっそり
こみちに このみ うずめて
ちいさな めが はえたら
ひみつの あんごう
もりへの パスポート
すてきな ぼうけん はじまる
となりの トトロ トトロ
トトロ トトロ
もりの 中に むかしから
すんでる となりの トトロ トトロ
トトロ トトロ
こどもの ときにだけ
あなたに おとずれる
ふしぎな であい

宮崎駿 作詞
久石譲 作曲

① 「だれ」が このみを うずめましたか。
　（だれか）
② 「どんな」ふうに うずめましたか。
　（こっそり）
③ 「どこ」に このみを うずめましたか。
　（こみち）
④ 「何」が はえたら ひみつの あんごうですか。
　（ちいさな め）
⑤ ひみつの あんごうは もりへの「何」ですか。
　（パスポート）
⑥ 「どんな」ぼうけんが はじまるのですか。
　（すてきな）ぼうけん
⑦ となりの トトロは「どこ」に すんで いますか。
　（もりの 中）
⑧ 「いつ」から すんで いますか。
　（むかし）から
⑨ 「どんな」であい ですか。
　（ふしぎな）であい

[P.60] ものがたり文 ふきのとう ①

つぎの 文を 読んで もんだいに 答えましょう。

なまえ　　月　日

よが あけました。
あさの ひかりを あびて、
竹やぶの 竹の はっぱが、
「さむかったね。」
「うん、さむかったね。」
と ささやいて います。
雪が まだ すこし のこって、
あたりは しんと して います。
どこかで、小さな こえが しました。
「よいしょ、よいしょ。おもたいな。」
竹やぶの そばの ふきのとうです。
雪の 下に あたまを 出して、
「よいしょ、よいしょ。そとが 見
たいな。」
と、雪を どけようと、ふんばって い
るところです。
「ごめんね。」
と、雪が 言いました。
「わたしも、早く とけて 水に
なり、とおくへ いって あそびた
いけど、
と、上を 見上げます。
「竹やぶの かげに なって、お日
さまが あたらない。」
と ざんねんそうです。

（くらしなお）「こくご」「上」「たんぽぽ」光村図書

① 竹やぶの はっぱは 何と 言って ささやいて いますか。
「さむかったね。」
「うん、さむかったね。」

② 小さな こえは 何と 言いましたか。
「よいしょ、よいしょ。おもたいな。」

③ ②は だれの こえですか。
ふきのとう

④ ──── を 言って いるのは だれ ですか。
ふきのとう

⑤ 雪は どういう ことが ざんねん なのですか。
竹やぶの かげに なっ て、お日さまが あたらない こと。

「どういうこと」か 聞かれているから、「〜こと。」と 答えるよ。

[P.61] ものがたり文 ふきのとう ②

つぎの 文を 読んで もんだいに 答えましょう。

なまえ　　月　日

「すまない。」
と、竹やぶが 言いました。
「わたしたちも、ゆれて おどりた
い。ゆれて おどれば、雪に 日が
あたる。」
と、上を 見上げます。
「でも、はるかぜが まだ こな
い。はるかぜが こないと、おどれな
い。」
そこで、竹やぶも 雪も ふきのとうも、
みんな こまって いるな。
「おや、はるかぜが ねぼうして
いるな。」
空の 上で、お日さまが わらいま
した。
「おい、はるかぜ。おきなさい。」
お日さまに おこされて、
はるかぜは、大きな あくび。
それから、せのびして 言いました。

（くらしなお）「こくご」「上」「たんぽぽ」光村図書

① は、その あと、何と 言いました か。
竹やぶ

② ①の ゆれて おどりた い。ゆれて おどれば、雪に 日 が あたる。を 書きましょう。
「わたしたちも、ゆれて おどりた い。ゆれて おどれば、雪に 日が あたる。」

③ 「おや、はるかぜが まだ こな い。はるかぜが こないと、お どれない。」が 言った ことを 書きましょう。
竹やぶ

④ お日さまは わらって、何と 言い ましたか。
「おい、はるかぜ。おきなさい。」

⑤ お日さまに おこされたのは だれ ですか。
（ はるかぜ ）

文の 中から ぬき出すときは、「、」や「。」も わすれずにね！

[P.62] ものがたり文 ふきのとう ③

つぎの 文を 読んで もんだいに 答えましょう。

なまえ　　月　日

「や、お日さま。や、みんな。おま
ちどお。」
はるかぜは、むね いっぱいに
いきを すい、ふうっと いきを
はきました。
はるかぜに ふかれて、
竹やぶが、ゆれる ゆれる、おどる。
雪が、とける とける、水に なる。
ふきのとうが、ふんばる せが
のびる。
ふかれて、
とけて、
ふんばって、
── もっこり。
ふきのとうが、かおを 出しました。
「こんにちは。」
もう、すっかり はるです。

（くらしなお）「こくご」「上」「たんぽぽ」光村図書

① はるかぜは 何と 言いましたか。
「や、お日さま。や、みんな。 おまちどお。」

② すっかりは 言いかえると どういう ことです。〇を つけましょう。
（ ）半分 ぐらい
（〇）あたり ぜんぶ
（ ）ほんの ちょっと

③ はるかぜに ふかれて それぞれ ど うなりましたか。
竹やぶは（ ゆれ ）て（ おどっ ）た。
雪は（ とけ ）て （ 水に ）なった。
ふきのとうは（ ふんばっ ）て （ せが ）（ のび ）た。

[P.63] ものがたり文 スイミー ①

つぎの 文を 読んで もんだいに 答えましょう。

なまえ　　月　日

広い 海の どこかに、小さな
魚の きょうだいたちが、たのしく
くらして いた。
みんな 赤いのに、一ぴきだけは、
からす貝よりも まっくろ。およぐ
のは、だれよりも はやかった。
名前は スイミー。
ある 日、おそろしい まぐろが、
おなかを すかせて、すごい はや
さで ミサイルみたいに つっこん
できた。
一口で、まぐろは、小さな 赤い
魚たちを、一ぴき のこらず のみ
こんだ。
にげたのは スイミーだけ。
スイミーは およいだ、くらい
海の そこを。こわかった。さびし
かった。とても かなしかった。

（レオ=レオニ 作 たにかわ しゅんたろう 訳）「こくご」「上」「たんぽぽ」光村図書

① に ついて、一ぴきだけ 魚の きょうだいたちと ちがって いた のは どんな ところですか。二つ 書きましょう。
からす貝よりも まっくろ（なところ）。
およぐのが だれよりも はやい（ところ）。

② ── の 魚の 名前を 書きましょう。
スイミー

③ まぐろは、どのように つっこんで きましたか。
（ おなか ）を すかせて （ すごい ）はやさで （ ミサイル ）みたいに

④ まぐろは 小さな 赤い 魚たちを どうしましたか。
一ぴき のこらず のみこんだ。

⑤ にげた スイミーは どこを およ ぎましたか。
くらい 海の そこ

ものがたり文　スイミー②

名まえ　月　日

○ つぎの 文を 読んで もんだいに 答えましょう。

けれど、海には、すばらしい ものが いっぱい あった。おもしろい ものを 見る たびに、スイミーは、だんだん 元気を とりもどした。

にじ色の ゼリーのような くらげ。水中ブルドーザーみたいな いせえび。

見た ことも ない 魚たち。見えない 糸で ひっぱられて いる。

ドロップみたいな 岩から 生えている、こんぶや わかめの 林。

うなぎ。かおを 見る ころには、しっぽを わすれているほど 長い。

そして、風に ゆれる もも色の やしの木みたいな いそぎんちゃく。

〈レオ=レオニ 作 たにかわ しゅんたろう 訳
「こくご二上 たんぽぽ」光村図書〉

① にじ色の ゼリーのような
（　くらげ　）

② 水中ブルドーザーみたいな
（　いせえび　）

③ 見た ことも ない
（　魚たち　）

④ ドロップみたいな 岩から
生えている
（　こんぶや わかめの 林　）

⑤ （　うなぎ　）

⑥ 風に ゆれる もも色の やしの木
みたいな
（　いそぎんちゃく　）

ものがたり文　スイミー③

名まえ　月　日

○ つぎの 文を 読んで もんだいに 答えましょう。

その とき、岩かげに スイミーは 見つけた、スイミーのと そっくりの、小さな 魚の きょうだいたちを。

スイミーは 言った。

「出て こいよ。みんなで あそぼう。おもしろい ものが いっぱいだよ。」

「だめだよ。大きな 魚に たべられて しまうよ。」

小さな 赤い 魚たちは、こたえた。

「だけど、いつまでも そこに じっと している わけには いかないよ。なんとか かんがえなくちゃ。」

スイミーは かんがえた。いろいろ かんがえた。うんと かんがえた。

〈レオ=レオニ 作 たにかわ しゅんたろう 訳
「こくご二上 たんぽぽ」光村図書〉

① 岩かげで スイミーが 見つけたのは だれですか。
（　スイミー　）のと（　そっくり　）の小さな 魚の きょうだいたち

② スイミーは、①に、何と 言って よびかけましたか。
「出て こいよ。みんなで あそぼう。おもしろい ものが いっぱいだよ。」

③ ②の よびかけに、①は、何と 答えましたか。
「だめだよ。大きな 魚に たべられて しまうよ。」

④ ③を きいて、スイミーは 何と 言いましたか。
「だけど、いつまでも そこに じっと している わけには いかないよ。なんとか かんがえなくちゃ。」

文の 中から ぬき出すときは、「、」や「。」も わすれずにね！

ものがたり文　スイミー④

名まえ　月　日

○ つぎの 文を 読んで もんだいに 答えましょう。

それから、とつぜん、スイミーは さけんだ。

「そうだ。みんな いっしょに およぐんだ。海で いちばん 大きな 魚の ふりを して。」

スイミーは 教えた。けっして、はなればなれに ならない こと。みんな、もちばを まもる こと。

みんなが、一ぴきの 大きな 魚みたいに およげるように なった とき、スイミーは 言った。

「ぼくが、目に なろう。」

あさの つめたい 水の 中を、ひるの かがやく 光の 中を、みんなは およぎ、大きな 魚を おい出した。

〈レオ=レオニ 作 たにかわ しゅんたろう 訳
「こくご二上 たんぽぽ」光村図書〉

① スイミーは、何と さけびましたか。
「そうだ。みんな いっしょに およぐんだ。海で いちばん 大きな 魚の ふりを して。」

② スイミーが みんなに 教えた、二つの ことを 書きましょう。
・けっして はなればなれに ならない こと。
・みんな、もちばを まもる こと。

③ さいごに スイミーは 何と 言いましたか。
「ぼくが、目に なろう。」

④ 大きな 魚を おい出した スイミーに、あなたが 言って あげたい ことを 書きましょう。
（れい）
・みんなで がんばって よかったね。
・スイミーは かしこいね。
・スイミーも みんなも よく きょう力したね。　など

「二つのこと」を 聞かれて いるから、「～こと。」の 形で 二つ 書こう。

ものがたり文　かさこじぞう①

名まえ　月　日

○ つぎの 文を 読んで もんだいに 答えましょう。

むかしむかし、ある ところに、じいさまと ばあさまが ありましたと。

ア　びんぼうで くらして おりました。

ある年の 大みそかの 日を ついて 言いました。

「ああ、もう おしょうがつさんが ござらっしゃると いうに、もちこの 用い もできんのう。」

「ほんにのう。」

「何ぞ、売る もんでも あれば、もちこ 買えんかのう。」

じいさまは、ざしきを 見回したけど、何にも ありません。

「ほんに、何にも ありゃせんのう。」

ばあさまは 土間の 方を 見ました。

すると、夏の 間に かりとって おいた すげが つんで ありました。

「じいさま、じいさま、あの すげで かさ こさえて、町さ 売りに 行ったら、もちこ 買えんかのう。」

「おお、おお、それが ええ。そう しよう。」

そこで、じいさまと ばあさまは 土間に 下り、ざんざら すげを そろえました。そして、せっせと すげがさを あみました。

〈いわさき きょうこ 「新しい国語 二下」東京書籍〉

① ア、イに あてはまる ことばを つぎの から えらんで 書きましょう。

ア [　たいそう　]　イ [　やっと　]

たいそう　やっと
だから　ゆうゆうと

② 大みそかとは いつの ことですか。
（　十二月三十一日　）

③ ばあさまが 土間で 見つけた ものは 何ですか。
夏の 間 に かりとって おいた（　すげ　）

④ ③で 見つかった ものを あんで 何を つくりましたか。
（　すげがさ　）
（　かさこ　）

ものがたり文 かさこじぞう ②

○ つぎの 文を 読んで もんだいに 答えましょう。

（名まえ）　月　日

かさが 五つ できると、じいさまは それを しょって、「かさこ 買って くるでのう。にんじん、ごんぼも しょって くるでのう。」と 言うて、出かけました。大年の市が 立って いて、正月買いもんの 人で 大にぎわいでした。町には、もちこ 売る 店も あれば、山から まつを 切って きて、売って いる 人も いました。「ええ、まつは いらんか。おかざりの まつは いらんか。」じいさまは 声を はり上げました。「ええ、かさや かさこや、かさこは いらんか。」じいさまも 声を はり上げました。「ええ、まつは いらんか。」けれども、だれも ふりむいて くれません。しかたなく、じいさまは 帰る ことに しました。「年こしの 日に、かさこなんか 買うもんは おらんのじゃ。ああ、もちこも もたんで 帰れば、ばあさまは がっかりするじゃろうのう。」いつのまにか、日も くれかけました。じいさまは、とんぼり とんぼり 町を 出て、村の 外れの 野っ原まで 来ました。

（いわさき きょうこ「新しい国語 二下」東京書籍）

⑤の答え

① かさは いくつ できましたか。
（　五つ　）

② じいさまは 何こと 何を 買って てくると 言いましたか。〇に 〇を つけましょう。
（　）もちこ
（　）にんじん
（　）ごんぼ
（　）うすや きね
（　）まつ

③ 町の 市では どんな ものを 売って いましたか。

④ ─── について、じいさまは どうして 帰る ことに したのですか。一つ えらび、〇を つけましょう。
（　）帰りたくなったから。
（　）かさが 売れなかったから。
（　）ばあさまが 気に なったから。

⑤ じいさまが 元気を なくして 町を 出たようすの わかる ことばに ──を 引きましょう。

ものがたり文 かさこじぞう ④

○ つぎの 文を 読んで もんだいに 答えましょう。

（名まえ）　月　日

「ばあさま ばあさま、今 帰った」
と、いろりの ふちを たたきました。
「おお おお、じいさまかい。さぞ つめたかったろうの。かさこは 売れたのかね。」
「それが さっぱり 売れんでのう。」
じいさまは どちゅうで 来ると、じぞうさまが 雪に うもれて いた 話を して、
「それで おら、かさこ かぶせて きた。」
と 言いました。
「おお、かさこ かぶせて きたか。それは ええ ことを しなさった。さあ さあ、じいさま、ひえた 体を あたためなされ。」
「やれ やれ。そんなら ひとつ もちこなしの 年こしを しようかのう。」
じいさまは、
米の もちこ ひとうす ばったら
と、いろりの ふちを たたきました。

（いわさき きょうこ「新しい国語 二下」東京書籍）

① さぞ は どんな いみですか。（　）に 〇を つけましょう。
（　）ふるえるほどに
（　）どんなにか
（　）ほんの すこし

② ─── の ばあさまを どう 思いますか。
〈れい〉
・心が やさしい。
・思いやりが ある。　など

③ じいさまは なぜ ─── のように したのでしょう。〇に 〇を つけましょう。
（　）いろりの 中に 入って いるものを とる ため。
（　）体じゅうを あたためる ため。
（　）いろりを かくす ため。

④ 上の 文の □に あてはまる ことばを □ から えらんで 書きましょう。

□ とうとう
とうぜん　とうとう
やっぱり　そろそろ

ものがたり文 かさこじぞう ③

○ つぎの 文を 読んで もんだいに 答えましょう。

（名まえ）　月　日

ふと 顔を 上げると、道ばたに じぞうさまが 六人 立って いました。おどろいた じいさまは、ふぶきの なか、木の かげも なし、ふり かぶる かさも なし、じぞうさまは かたっぽうだけ 雪に うもれて いるのでした。「おお、お気のどくにな。さぞ つめたかろうのう。」じいさまは、じぞうさまの おつむの 雪を かき おとしました。「こっちの じぞうさまも つめたかろう。それから、この じぞうさまは どうじゃ。つらら さがって ござらっしゃる。」じいさまは、ぬれて つめたい じぞうさまの ［ア］ や ［イ］ ［ウ］ ［エ］ やら を なでました。
「そうじゃ。この かさこを かぶって くだされ」
じいさまは、売りものの かさこを じぞうさまに かぶせ、風で とばぬよう、しっかり あごの ところで むすんで あげました。
ところが、じぞうさまの 数は 六人、かさこは 五つ。どうしても 足りません。「おらので わりいが、こらえて くだされ。」じいさまは、自分の つぎはぎの 手ぬぐいを とって、いちばん しまいの じぞうさまに かぶせました。「これで ええ、これで ええ。」そこで、やっと 安心して、うちに 帰りました。

（いわさき きょうこ「新しい国語 二下」東京書籍）

① ア〜エの □の 中に あてはまる ことばを つぎから えらんで 書きましょう。
ア ［ ほおべた ］
イ ［ はな ］
ウ ［ かた ］
エ ［ せな ］

ほおべた　かた
はな　せな

② じぞうさまは 何人 立って いましたか。
（　六人　）

③ じいさまは じぞうさまに かさこを かぶせる とき、何と 言いましたか。
「そうじゃ。この かさこを かぶって くだされ。」

④ じいさまは かさこが 足りないのでかわりに 何を かぶせて あげましたか。
（　自分の つぎはぎの 手ぬぐい　）

文の 中から ぬき出すときは、「、」や「。」も わすれずにね！

ものがたり文 かさこじぞう ⑤

○ つぎの 文を 読んで もんだいに 答えましょう。

（名まえ）　月　日

すると、ばあさまも ほほと わらって、あわの もちこ ひとうす ばったら と、あいどりの まねを しました。それから、二人は、つけな かみかみ、おゆ を のんで 休みました。
真夜中ごろ、菅の 中を、
じょいやさ じょいやさ
と、そりを 引く かけ声が して きました。どんどん、だれじゃろ。長者どんの やしきの 方には 行かず、こっちの わかいしゅが 正月買いもんを のこして、今ごろ 引いて きたんじゃろうか。ところが、そりは、こっちの 方へ どんどん 近づいて きました。耳を すまして 聞いて みると、
六人の じぞうさ
かさこ とって かぶせた
じさまの うちは どこだ
じさまの うちは どこだ
と 歌って いるのでした。

※つけな…つけものの こと

（いわさき きょうこ「新しい国語 二下」東京書籍）

① ばあさまは 何と 言って あいどりの まねを しましたか。
あわの もちこ ひとうす ばったら

② 二人は 何を 食べて 何を のんで 休みましたか。
（　つけな　）を 食べて
（　おゆ　）を のんで 休んだ。

③ 真夜中ごろ きこえたのは、どんな かけ声でしたか。
じょいやさ じょいやさ

④ 近づいて きた 歌声は 何と 歌って いましたか。
六人の じぞうさ
かさこ とって かぶせた
じさまの うちは どこだ
じさまの うちは どこだ

せつ明文　たんぽぽ①

名まえ　　　　月　日

つぎの 文を 読んで もんだいに 答えましょう。

たんぽぽは、じょうぶな 草です。はが ふまれたり、つみとられたりしても、また 生えて きます。ねが 生きて いて、あたらしい はを つくり出すのです。

たんぽぽの ねを ほって みました。ながい ねは、一メートルいじょうの ものも ありました。

はるの はれた 日に、花が さきます。花は、夕方 日が かげると、とじて しまいます。よるの あいだ、ずっと とじて います。

つぎの 日、日が さして くると、また ひらきます。

花を よく 見て みましょう。一つの 小さな 花の あつまりに 見えるのは、小さな 花の あつまりなのです。小さな 花を 数えて みたら、百八十も ありました。これより 多い ものも、少ない ものも あります。この 小さな 花に、みが 一つずつ できるように なって います。

（ひらやま かずこ「新しい国語 二上」東京書籍）

① たんぽぽが、はを ふまれたり、つみとられたり しても、また 生えて くるのは なぜですか。
（　ねが 生きて いる　）から。

② たんぽぽの 花は、どんな 日に さきますか。
（　はる　）の（　はれた　）日

③ 花は いつ とじますか。
（　夕方　）

④ 花が また ひらくのは いつ、どうなった ときですか。
（　日が さしてきた　）とき。

⑤ 一つの 花のように 見えるのは 何の あつまりですか。
（　小さな 花（の あつまり）　）

りゆうを 聞かれて いるから、「〜から。」と 答えるよ。

せつ明文　ビーバーの大工事①

名まえ　　　　月　日

つぎの 文を 読んで もんだいに 答えましょう。

ここは、北アメリカ。大きな 森の 中の 川の ほとりです。

ビーバーが、木の みきを かじっています。

ガリガリ、ガリガリ。

すごい はやさです。木の みきには、たちまち 木の かわや 木くずが とびちり、みきの 回りが 五十センチメートルいじょうも ある 木が、ドシーンと 地ひびきを 立てて たおれます。

ちかよって みますと、上あごの 歯を 木の みきに 当てて ささえにし、下あごの するどい 歯で、ぐいぐいと かじって いるのです。するどくて 大きい 歯は、まるで、大工さんの つかう のみの ようです。

大工さんが のみで、こちらでも、あちらでも ポプラや やなぎの 木が つぎつぎに たおされて いきます。

ドシーン、ドシーン。

（なかがわ しろう「新しい国語 二下」東京書籍）

① ビーバーが 木の みきを かじる とき、どんな 音が しますか。
（　ガリガリ、ガリガリ。　）

② 地ひびきを 立てて たおれるのは どんな 木ですか。
（　みきの 回りが 五十センチメートルいじょうも ある 木　）

③ ビーバーは どんな ふうに して 木を かじりますか。
上あごの（　歯　）を（　木の みき　）に 当てて ささえに し、（　下あごの するどい 歯　）で（　ぐいぐい　）と かじる。

④ ビーバーの 歯は、何のようですか。
（　大工さん　）の つかう のみ

⑤ ──は 何の 木の たおれる 音ですか。
（　ポプラや やなぎ（の 木）　）

せつ明文　たんぽぽ②

名まえ　　　　月　日

つぎの 文を 読んで もんだいに 答えましょう。

花が しぼむと、みが そだって いきます。みが じゅくすまで、花の くきは、ひくく たおれて います。

はれた 日に、わた毛が できると、くきは また おき上がって、たかく のびます。たかく のびた くきの 上の わた毛には、風が よく 当たります。わた毛は、風に ふきとばされます。かるくて ふわふわした わた毛は、風に のって、とおくに 行く ことが できます。

わた毛が 土に おちると、わた毛に ついて いる たねが、やがて めを 出します。たんぽぽは、そこで ねを はって、そだって いきます。

このように して、たんぽぽは、いろいろな ところに 生え、なか まを ふやして いくのです。

（ひらやま かずこ「新しい国語 二上」東京書籍）

① みが そだつのは 花が どうなった あとですか。
（　しぼんだ　）あと。

② みが じゅくすまで 花の くきは どうなって いますか。
（　ひくく たおれて いま　）す。

③ みが じゅくすと、くきは どうなりますか。
（　おき上がって たかく のびます。　）

④ わた毛が ひらくのは、どんな 日ですか。
（　はれた 日　）

⑤ かるくて ふわふわした わた毛は どんな ことが できますか。
（　風　）に のって、（　とおく　）に 行く ことが できる。

「どうなった あと」と 聞かれて いるから、「〜あと。」と 答えるよ。

せつ明文　ビーバーの大工事②

名まえ　　　　月　日

つぎの 文を 読んで もんだいに 答えましょう。

ビーバーは、切りたおした 木を、さらに みじかく かみ切り、ずると 川の 方に 引きずって いきます。そして、木の とがった 方を くわえた まま、上手に およいで いきます。

ビーバーは、ゆびと ゆびの 間に じょうぶな 水かきが ある 後ろあしで、ぐいぐいと 体を おしすすめます。おは、オールのような 形を して いて、上手に かじを とります。

にげこんで、木の とがった 方を 川の そこに さしこみ、その 上に 小えだを つみ上げて いき、上から 石で おもしを して、どろで しっかり かためて いきます。そうして、水の 中へ もぐって いきます。

川の 中で、水の 中へ もぐった まま、くわえて きた 木を、つぎつぎに ならべ、石と どろで しっかりと かためて いきます。

家族の ビーバーたちも、はこんで きた 木を つぎつぎに ならべ、石と どろで しっかりと かためて いきます。

（なかがわ しろう「新しい国語 二下」東京書籍）

① ビーバーは、切りたおした 木を、どこへ 引きずって いきますか。
（　川の 方　）

② 木を しっかり くわえた まま どうしますか。
（　上手に およいで いきます。　）

③ ゆびと ゆびの 間に 何が ありますか。
（　水かき　）

④ 木を くわえた まま どこへ もぐりますか。
（　水の 中　）

⑤ 木が ながれないように どうしますか。
木の とがった 方を 川の そこに さしこむ。

⑥ ⑤の 上に つみ上げる ものは 何ですか。
（　小えだ　）

⑦ おもしは 何で しますか。
（　石　）

⑧ 何で かためますか。
（　どろ　）

せつ明文 ビーバーの大工事③

名まえ ／ 月 日

つぎの 文を 読んで もんだいに 答えましょう。

一度 もぐった ビーバーは、ふつうで 五分間、長い ときには 十五分間も 水の 中に います。

ビーバーは、夕方から 夜中まで 家族そう出て しごとを つづけます。

こうして、つみ上げられた 木と 石と どろは、一方の 川岸から はんたいがわの 川岸まで、つのびて いき、やがて 川の 水を せき止める りっぱな ダムが できあがります。

今までに 見つかった ビーバーの ダムの 中には 高さ 二メートル、長さ 四百五十メートルも ある 大きなものも あったと いう ことです。

（なかがわ しろう「新しい国語 二上」東京書籍）

① ビーバーは どのくらい 水の 中に いますか。
ふつう……（ 五分間 ）
長いとき……（ 十五分間 ）

② ビーバーは いつから いつまで しごとを つづけますか。
（ 夕方 ）から（ 夜中 ）まで

③ つみ上げられたのは 何と 何ですか。
（ 木 ）（ 石 ）（ どろ ）

④ は やがて 何に なりますか。
（ 川の 水を せき止め る りっぱな ）ダム

⑤ は 大きな もので どのくらい ありますか。
高さ二メートル、長さ四百五十メートル

せつ明文 ビーバーの大工事④

名まえ ／ 月 日

つぎの 文を 読んで もんだいに 答えましょう。

ダムが できあがって、水が せき止められると、その 内がわに みずうみが できます。

ビーバーは、その みずうみの まん中に、すを 作ります。

すは、ダムと 同じように、木と 石と どろを つみ上げて 作りま す。それに、ダムの ように、水の 上に うかんだ、まるで しまの ようです。

すの 入り口は、水の 中に あり、ビーバーの ダムの ように、およぎの 上手な どうぶつで ないと、けっして すの 中に 入る ことは できません。

ビーバーが ダムを 作るのは、それで 川の 水を せき止めて みずうみを 作り、その みずうみの 中に、てきに おそわれない あんぜんな すを 作る ためなのです。

（なかがわ しろう「新しい国語 二上」東京書籍）

① ダムの 水が せき止められると 内がわに できるのは 何ですか。
（ みずうみ ）

② ビーバーは ①の まん中に 何を 作りますか。
（ す ）

③ ②は 何を つみ上げて 作りますか。
（ 木 ）（ 石 ）（ どろ ）

④ すの 入り口は どこに ありますか。
（ 水の 中 ）

⑤ ビーバーが すの 中に 入る ことが できるのは、どんな どうぶつですか。
およぎの 上手な どうぶつ

⑥ ビーバーが ダムを 作るのは 何を 作る ためですか。
（ あんぜん ）な（ す ）

かん字①　一年の ふくしゅう

名まえ ／ 月 日

① つぎの どちらの □にも あてはまる かん字を 書きましょう。

① まん［月］の 月（げつ・つき）
② 水［水］ように くんだ 水（すい・みず）
③ 金色の お［金］（きんいろ・かね）
④ 花［火］に 点火する。（ひ・び）
⑤ ［木］の 木目（き・もく）
⑥ 土［土］ように ほった 土（ど・つち）
⑦ ［日］ように 見た 夕日（にち・ひ）

② つぎの □に あてはまる かん字を 書き、かん字かるたを 作りましょう。

① いちごが ［一］つぶ おいしいな。
② にわとりが ［二］羽 やってきた。
③ さんまが ［三］びき およいでる。
④ ヨットが ［四］そう うかんでる。
⑤ ゴリラが ［五］頭 あそんでる。
⑥ 自どう車 ［六］台 はっ車した。
⑦ なっとう ［七］つぶ こぼしたよ。
⑧ はちまき ［八］本 足りないよ。
⑨ おかしを ［九］こ つくばります。
⑩ ハンカチ ［十］まい たたみます。

かん字②

名まえ ／ 月 日

① つぎの ——の かん字の 読みがなを （ ）に 書きましょう。

① 上手に ふえを ふく。（じょうず）
② 川の 上手。（かみて）
③ 下手な 字だ。（へた）
④ ぶたいの 下手。（しもて）
⑤ 元気（げんき）
⑥ 元日（がんじつ）
⑦ 火の元（ひ）（もと）
⑧ 〜の後（のち）
⑨ 前後左右（ぜんごさゆう）
⑩ 後半（こうはん）
⑪ 後ろの 人（うし）（ひと）
⑫ 後を おう。（あと）
⑬ 当番の 日（とうばん）

② つぎの □に あてはまる かん字を 書きましょう。

① 朝昼夜（あさ・ひる・よる）
② 東西南北（とう・ざい・なん・ぼく）
③ 今日あす（きょう）
④ 父母姉妹兄弟（ちち・はは・あね・いもうと・あに・おとうと）
⑤ 新聞紙とボール紙（しんぶんし）
⑥ 売る買う（う・か）

③ つぎの □に あてはまる かん字を 書きましょう。

① お金が 十円 足りない。（かね・じゅうえん・た）
② 空には 星が 光って いる。（そら・ほし・ひか）

楽しく がんばろう♪

[P.84] かん字③

① つぎの 教科の 名前を かん字で 書きましょう。
①国語（こくご）
②書しゃ（しょ）
③算数（さんすう）
④生活（せいかつ）
⑤音楽（おんがく）
⑥体いく（たい）
⑦図画工作（ずがこうさく）

② つぎの 学校に かんけいする かん字を 書きましょう。
①学校へ 行く。（がっこう）
②べん強（きょう）
③きゅう食（しょく）

③ つぎの からだに かんけいする かん字を 書きましょう。
①頭（あたま）
②かみの 毛（け）
③顔（かお）
④よく 見える 目（み／め）
⑤食べる 口（た／くち）
⑥耳で 聞く。（みみ／き）
⑦足首（あしくび）

④ つぎの ――の かん字の 読みがなを（ ）に 書きましょう。
①数を 数える。（かず／かぞ）
②歌を 歌う。（うた／うた）
③光が 光る。（ひかり／ひか）
④つみ上げる 上る おく上（あ／のぼ／じょう）
⑤一組と 組む。（いちくみ／く）
⑧歩く。（ある）
⑨つま先（さき）
⑩手で 線を 引く。

[P.85] かん字④

① つぎの □に あてはまる かん字を 書きましょう。
①王さまが、目玉やきを 食べる。（おう／だま）
②村の 人が、大切に して いる 林。（むら／たい／はやし）
③校門から 入って くる 人が いる。（こうもん／はい／ひと）
④市場で 貝を 見つけた。（いちば／かい／み）

② つぎの □に あてはまる かん字を 書きましょう。
①名ふだ（な）
②ふみ台（だい）
③口（くち）
④石（いし）
⑤足（あし）
⑥力を 合わせる。（ちから／あ）
⑦木かげで 本を 読む。（き／ほん／よ）
⑧早おき（はや）
⑨草とり（くさ）
⑩日記（にっき）
⑪会話（かいわ）
⑫山里の りょう理（やまざと／り）
⑬魚を 分ける。（さかな／わ）

[P.86] かん字⑤

① つぎの □には かん字を、（ ）には おくりがなを 書きましょう。
①ヒヤシンスの めが 出る。（で）
　かばんから 本を 出す。（だ）
②手紙を ポストに 入れる。（い）
　へやに 風が 入る。（はい）
③公園へ あそびに 行こう。（こう）
　入学しきを 行う。（おこな）
④草が 生える。（は）
　ねこの 子が 生まれた。（う）
⑤夜が 明ける。（あ）
　外が 明るい。（あか）
⑥自てん車が 止まる。（と）
　きかいを 止める。（と）
⑦かばんを 下げる。（さ）
　二かいから 下りる。（お）
　にもつを 下ろす。（お）
　川を 下った。（くだ）
⑧友だちに 話した。（はな）
⑨文字を 書いた。（か）

※「書（きまし）た」など、ていねいな ことばで 答えても かまいません。

※P.87は 答えを しょうりゃくして います。

[P.88] ことばあそび②

① しりとりに なるように、（ ）に ことばを 書きましょう。
〈れい〉カカオ→（オレンジ）→ジュース
②ゴリラ→（ラッコ）→コアラ
③ココア→（アイスクリーム）→ムース
④タイ→（イタリア）→アメリカ

② 上から 読んでも 下から 読んでも 同じに なる ことばや 文（回文）を 作りましょう。
〈れい〉たけやぶ やけた
　　　　［ ］には 同じに なる ことばや 文（回文）が 入ります。
①トマト（ヒント…野さいです）
②しんぶんし（ヒント…紙で できています）
③スイス（ヒント…国の 名前です）
④きつつき（ヒント…鳥です）
⑤いかとかい（ヒント…海の 生きものが 二つ 出てきます）
⑥にわのわに（ヒント…こわい どうぶつが 家に いる？）

何の なかまか かんがえて みてね。④は、長ぐつの 形の 国だよ！

学力の基礎をきたえどの子も伸ばす研究会

HPアドレス　http://gakuryoku.info/

常任委員長　岸本ひとみ
事務局　〒675-0032　加古川市加古川町備後 178−1−2−102　岸本ひとみ方　☎・Fax 0794−26−5133

① めざすもの

　私たちは、すべての子どもたちが、日本国憲法と子どもの権利条約の精神に基づき、確かな学力の形成を通して豊かな人格の発達が保障され、民主平和の日本の主権者として成長することを願っています。しかし、発達の基盤ともいうべき学力の基礎を鍛えられないまま落ちこぼれている子どもたちが普遍化し、「荒れ」の情況があちこちで出てきています。
　私たちは、「見える学力、見えない学力」を共に養うこと、すなわち、基礎の学習をやり遂げさせることと、読書やいろいろな体験を積むことを通して、子どもたちが「自信と誇りとやる気」を持てるようになると考えています。
　私たちは、人格の発達が歪められている情況の中で、それを克服し、子どもたちが豊かに成長するような実践に挑戦します。
　そのために、つぎのような研究と活動を進めていきます。
　①　「読み・書き・計算」を基軸とした学力の基礎をきたえる実践の創造と普及。
　②　豊かで確かな学力づくりと子どもを励ます指導と評価の探究。
　③　特別な力量や経験がなくても、その気になれば「いつでも・どこでも・だれでも」ができる実践の普及。
　④　子どもの発達を軸とした父母・国民・他の民間教育団体との協力、共同。
　私たちの実践が、大多数の教職員や父母・国民の方々に支持され、大きな教育運動になるよう地道な努力を継続していきます。

② 会　　員

- 本会の「めざすもの」を認め、会費を納入する人は、会員になることができる。
- 会費は、年 4000 円とし、7月末までに納入すること。①または②

①郵便振替　口座番号　00920−9−319769	②ゆうちょ銀行
名　称　学力の基礎をきたえどの子も伸ばす研究会	店番099　店名〇九店　当座0319769

- 特典　研究会をする場合、講師派遣の補助を受けることができる。
　　　　大会参加費の割引を受けることができる。
　　　　学力研ニュース、研究会などの案内を無料で送付してもらうことができる。
　　　　自分の実践を学力研ニュースなどに発表することができる。
　　　　研究の部会を作り、会場費などの補助を受けることができる。
　　　　地域サークルを作り、会場費の補助を受けることができる。

③ 活　　動

　全国家庭塾連絡会と協力して以下の活動を行う。
- 全 国 大 会　全国の研究、実践の交流、深化をはかる場とし、年1回開催する。通常、夏に行う。
- 地域別集会　地域の研究、実践の交流、深化をはかる場とし、年1回開催する。
- 合宿研究会　研究、実践をさらに深化するために行う。
- 地域サークル　日常の研究、実践の交流、深化の場であり、本会の基本活動である。
　　　　　　　　可能な限り月1回の月例会を行う。
- 全国キャラバン　地域の要請に基づいて講師派遣をする。

全 国 家 庭 塾 連 絡 会

① めざすもの

　私たちは、日本国憲法と子どもの権利条約の精神に基づき、すべての子どもたちが確かな学力と豊かな人格を身につけて、わが国の主権者として成長することを願っています。しかし、わが子も含めて、能力があるにもかかわらず、必要な学力が身につかないままになっている子どもたちがたくさんいることに心を痛めています。
　私たちは学力研が追究している教育活動に学びながら、「全国家庭塾連絡会」を結成しました。
　この会は、わが子に家庭学習の習慣化を促すことを主な活動内容とする家庭塾運動の交流と普及を目的としています。
　私たちの試みが、多くの父母や教職員、市民の方々に支持され、地域に根ざした大きな運動になるよう学力研と連携しながら努力を継続していきます。

② 会　　員

　本会の「めざすもの」を認め、会費を納入する人は会員になれる。
　会費は年額 1500 円とし（団体加入は年額 3000 円）、7月末までに納入する。
　会員は会報や連絡交流会の案内、学力研集会の情報などをもらえる。

事務局　〒564-0041　大阪府吹田市泉町 4−29−13　影浦邦子方　☎・Fax 06−6380−0420
郵便振替　口座番号　00900−1−109969　　　名称　全国家庭塾連絡会

国語習熟プリント　小学2年生　大判サイズ

2020年7月30日　発行

- -

著　者　森　ひろ美

編　集　金井　敬之・川岸　雅詩

発行者　面屋　尚志

企　画　フォーラム・A

発行所　清 風 堂 書 店
　　　　〒530-0057　大阪市北区曽根崎 2−11−16
　　　　TEL 06-6316-1460／FAX 06-6365-5607
振　替　00920-6-119910

- -

制作編集担当　青木　圭子　☆☆
表紙デザイン　ウエナカデザイン事務所　6022
日本音楽著作権協会（出）許諾第2005244−001